JN041748

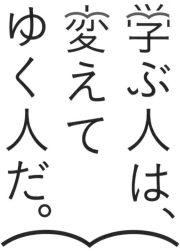

学ぶ人は、
変えて
ゆく人だ。

目の前にある問題はもちろん、

人生の問いや、

社会の課題を自ら見つけ、

挑み続けるために、人は学ぶ。

「学び」で、

少しずつ世界は変えてゆける。

いつでも、どこでも、誰でも、

学ぶことができる世の中へ。

旺文社

はじめに

　皆さんは「英語力」とはどんなことを指すと思いますか？　私は,英語力とは「基礎力」と「運用能力」のかけ算でできていると捉えています。

　英語力 = 基礎力（語彙・基礎英文法・短い文の解釈）**× 運用能力**（長文読解・英作文など）

　「基礎力」とは,スポーツで言えば運動神経に当たるもので,その分野全体のパフォーマンスに影響を与える力のことです（テニスをやろうがバスケをやろうが,運動神経と体力はあればあるだけいいですよね）。英語で言えば,語彙・基礎英文法などが該当します。「運用能力」は長文読解や英作文の分野で発揮される力であり,共通テストや大学入試問題の具体的な解法・対策も含まれます。そして「運用能力」は学校や問題集で訓練する機会が多くありますが,「基礎力」は基本的には「学習者が自ら身につける」ものとされています。

　英語の「基礎力」と「運用能力」はかけ算の関係にあるので,後者だけを頑張っても英語力は伸びません。「基礎力を学習者が自ら身につける」ことの大事さをぜひ皆さんに知ってもらいたくて,本書を書きました。

　本書では「基礎力」である英語の語彙について「はじめにおさえておきたいもの」,つまり**英語の語順や文の意味の方向を決める重要な品詞である動詞**にしぼって学べるようにしました。約300の基本的な動詞フレーズを,特定の文型［後続要素］で使うもの,使い分けに注意すべきもの,意味的に区別が必要なものでまとめています。複数の用法がある基本動詞については複数の章にまたがって何度も出現するようになっています。

　「なぜ動詞だけを学ぶの？」と思うかもしれませんが,例えば次の英文を見てください。

　　My father **allowed** me 10,000 yen for my school trip.

　動詞の allow は多くの場合,〈allow + 人 + to *do*〉「人が〜するのを許す,許可する」の意味で覚えている人が多いと思いますが,そのままの意味でこの文を訳すと変な日本語になりますよね。そこで,allowed の後ろの形に注目すると第4文型 **SVOO** の文だとわかります。英語の動詞は同じ意味ならば同じ文型をとることが多いので,後ろに〈人 + モノ〉をとる動詞で既に習った give を当てはめて訳してみると……うまくいきました。

$$\underset{\text{S}}{\underline{\text{My father}}}\ \underset{\substack{\text{V}\\=\text{gave}}}{\underline{\textbf{allowed}}}\ \underset{\text{O}_1(人)}{\underline{\text{me}}}\ \underset{\text{O}_2(モノ)}{\underline{\text{10,000 yen}}}\ \text{for my school trip.}$$

　訳 父は,修学旅行のために私に1万円（こづかい）**をくれた**。

　もちろん,このやり方がいつも当てはまるわけではありませんが,動詞と動詞がつくる文型を知っておくことで,**「はじめて見る単語の意味を予測する」**ことができるのです。基本的な動詞の使い方を身につけて,「運用能力」の学習にブーストをかけていきましょう！

山本博貴（やまもと・ひろき）
同志社大学文学部英文学科（専門は英語音声学・音韻論）卒。河合塾英語科講師。現役生・高卒生の幅広いクラスを担当し,教材作成プロジェクトや映像授業も担当。

本書の特長と使い方

たくさん書くためのドリルがメインの学習書です。

Chapterの全体像をさっとつかむ - - - - - - →

各Chapterで取り組む項目を把握しましょう。
基本的な知識をまとめて確認することもできます。

▼

ドリルで書く・聞く!

各課のドリルは4つの形式で構成されていま
す。ドリル1は動詞フレーズリストを兼ねてい
ます。ドリル1-2は同じ英文,ドリル3-4も同
じ英文を使います。ドリル1-4の英文の音声を
聞くことができます(利用法は次ページ参照)。
1課の目安は15分程度です。

ドリル 1234	〈キソ〉 短い英文を訳す
ドリル 1234	〈キソ〉 短い英文を書く (ヒント付き空所補充)
ドリル 1234	〈応用〉 長めの英文を訳す
ドリル 1234	〈応用〉 長めの英文を書く (語順整序)

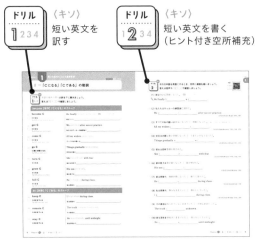

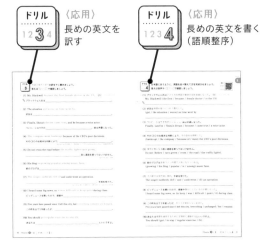

ドリル1の訳の答えがドリル2に,ドリル2の英文の答えはドリ
ル1にあります。音声は日本語→英語の順で読み上げます。

ドリル3の訳の答えがドリル4に,ドリル4の英文の答えはドリ
ル3にあります。音声は英語のみです。

入試実戦演習 大学入試問題にチャレンジ!

最後に大学入試過去問題に取り組んで,入試対策の基礎力がついたことを確認しましょう。設
問形式を実際の入試問題から変更したものもあります。

本書で使う記号

S…主語 **V**…述語動詞 **O**…目的語 **C**…補語 to *do*…不定詞 *do*…動詞の原形
doing…分詞／動名詞 *done*…過去分詞 *A*, *B*…任意の名詞
( )…省略可能 [ ]…言い換え可能 名 形 動 副 前 …単語の品詞

付属サービスの利用法——音声・英文リスト

　本書の音声は，各ページの二次元コード，特典サイト，旺文社公式リスニングアプリ「英語の友」（iOS/Android）から無料で聞くことができます。

　また，本書で学ぶ英文をまとめた PDF を特典サイト上でダウンロードすることができます。

二次元コードで音声を聞く　- - - - - - →

　各ページの二次元コードをスマートフォン・タブレットで読み込んで，音声を再生することができます。

特典サイトで音声を聞く・英文リストをダウンロードする

1 パソコンからインターネットで
　専用サイトにアクセス
　URL：https://service.obunsha.co.jp/tokuten/hajime/

2 『はじめの英単熟語ドリル』をクリック

3 パスワード「**hajimev**」をすべて半角英数字で入力
　・**音声ファイルをダウンロード（またはウェブ上で再生）**
　・**ドリル 1-4 の英文リストをダウンロード**

> **注意** スマートフォンやタブレットでは音声をダウンロードできません。 ▶ ダウンロードについて：音声ファイルはMP3形式です。ZIP形式で圧縮されていますので，解凍（展開）して，MP3を再生できるデジタルオーディオプレーヤーなどでご活用ください。解凍（展開）せずに利用されると，ご使用の機器やソフトウェアにファイルが認識されないことがあります。デジタルオーディオプレーヤーなどの機器への音声ファイルの転送方法は，各製品の取り扱い説明書などをご覧ください。 ▶ 音声を再生する際の通信料にご注意ください。 ▶ ご使用機器，音声再生ソフトなどに関する技術的なご質問は，ハードメーカーもしくはソフトメーカーにお願いします。 ▶ 本サービスは予告なく終了することがあります。

旺文社公式リスニングアプリ「英語の友」（iOS/Android）で音声再生

1 「英語の友」公式サイトよりアプリをインストール
　右の二次元コードから読み込めます。
　URL：https://eigonotomo.com/

2 ライブラリより『はじめの英単熟語ドリル』を選び，「追加」ボタンをタップ

> **注意** ▶ 本アプリの機能の一部は有料ですが，本書の音声は無料でお聞きいただけます。 ▶ アプリの詳しいご利用方法は「英語の友」公式サイト，あるいはアプリ内のヘルプをご参照ください。 ▶ 本サービスは予告なく終了することがあります。

目次 CONTENTS

Chapter1～6では，文型ごとに
重要な動詞をまとめて学びます。
Chapter7では意味上の
重要動詞をおさえておきましょう。

関係者一覧　｜　組版：幸和印刷／装丁・本文デザイン：しろいろ／表紙イラスト：©tibori - stock.adobe.com／
音声収録・編集：株式会社巧芸創作／音声サイト：牧野剛士／編集協力：株式会社シー・レップス／
校正：Ross Tulloch , Jason A. Chau , 笠井喜生, 山本知子, 大河恭子／編集担当：須永亜希子

第2文型SVCをとる重要動詞

英語を攻略するにはまずは動詞に着目しよう！

　この本では，316の重要動詞フレーズを4ステップのドリルで学習していきます。なぜ名詞など他の品詞は扱わずに，動詞ばかりを勉強するのでしょうか？　それは，動詞と文型（文型とは，動詞の後ろに続く要素によって5種類に分けられる文のカタチ）に着目して読んでいくことで，英文の理解度が上がるからです。

動詞と文型を勉強する意味

　まずは**動詞と文型**の関係を勉強していきましょう。ではいきなりですが質問です。「**get**」という単語，なんと訳すでしょう？　「手に入れる，得る」だと思った人が大半だと思います。しかし本当にそれだけでしょうか。以下の例文のgetに着目して訳を考えてみてください。

---

① He **got** there.

② It **got** hot today.

③ I **got** a book.

④ I **will get** you lunch.

⑤ He **got** everything ready.

　訳は以下のようになります。

① 彼はそこに**着いた**。

② 今日，暑く**なった**。

③ 私は1冊の本を**手に入れた**。

④ 私はあなたに昼食を**手に入れてあげるよ**。

⑤ 彼はすべてを準備万端に**させた**［→準備した］。

　getには，ここで見ただけでも**5つも異なる意味がある**んです。これらの意味を正しく理解していくためには，getの後ろに何が続いているか，つまり文型を見ないといけないんですね。**「動詞の意味は文型が決めている」**と言っても過言ではありません。

　あらためて，上の文を文型に当てはめてみるとこうなります。

	主語S	動詞V	目的語O（～に）	目的語O（～を）	補語C	
第1文型**SV**	He	got				there.
第2文型**SVC**	It	got			hot	today.
第3文型**SVO**	I	got		a book.		
第4文型**SVOO**	I	will get	you	lunch.		
第5文型**SVOC**	He	got		everything	ready.	

なかでも第2文型（**SVC**）・第4文型（**SVOO**）・第5文型（**SVOC**）には，「この文型では動詞はこの意味！」という定番の訳がありますので，まずはこれらを優先的に見ていきます。

第1文型（**SV**），第3文型（**SVO**）は，後ろにくる前置詞や副詞もひっくるめて見ることで，ある程度，意味と文型（後ろのカタチ）に関係を見いだすことができます。本書の後半で扱います。

第2文型SVCとは

第2文型は動詞の後ろに**C**（補語＝形容詞や名詞，またはそれに類するカタマリ）がきて，**主語S＝補語Cが成立する**と聞いたことがあるかもしれませんね。以下をまとめておさえておきましょう。

第2文型 **S V C** **S＝C**なので，つまり**V**は「＝（イコール）」のはたらき

(1) **S**が**C**になる（動作） 代表的な動詞 become
(2) **S**が**C**である（状態） 代表的な動詞 be
(3) **S**が**C**のようだ・**S**が**C**に見える（印象） 代表的な動詞 look, seem
のどれかになる。

それではここから，**SVC**をとる重要動詞をチェックしていきましょう！

1 「Cになる」「Cである」の動詞

 学習ページ ▶ p.8

上の(1)〜(3)のうち，第1課では(1)「**Cになる**」の意味を持つ動詞と，(2)「**Cである**」という意味を持つ動詞のグループを見ていきましょう。

(1)のグループに関しては，**Cにどんなものがくるか**（**turn**は**C**に色がくる，**come**は**プラスの意味**の語がくる，**go**は**マイナスの意味**の語がくる，など）を意識しましょう。

(2)のグループに関しては，「**Cである**」というそのままの訳以外に，「**Cのままでいる**」などの訳語のニュアンスを意識して覚えていきましょう。

2 「Cのようだ」「Cに見える」の動詞

学習ページ ▶ p.12

第2課では(3)「**Cのようだ**」「**Cに見える**」の意味の動詞を学習します。いわゆる「知覚・心理」の動詞ですが，こちらも意味のニュアンスに注意して覚えていきましょう。

1 ››› 「Cになる」「Cである」の動詞

ドリル **1** 2 3 4　英語の青色の部分の訳を下に書きましょう。
答えは 右ページ で確認しましょう。

become【動作】「Cになる」のグループ

001	**become C** Cになる 🖉 活用 become-became-become	He finally became a doctor. ◀ ドリル2の答えです。 彼はついに＿＿＿＿＿＿＿＿＿＿＿＿＿＿＿＿＿。
002	**get C** Cになる 🖉 活用 get-got-gotten[got]	We got tired after soccer practice. 私たちはサッカーの練習後に＿＿＿＿＿＿＿＿＿。
003	**come C** Cになる 🖉 活用 come-came-come	All my wishes came true. すべての私の願いは＿＿＿＿＿＿＿＿＿＿＿＿＿。
004	**go C** C(悪い状態)になる 🖉 活用 go-went-gone	Things gradually went wrong. 状況は次第に＿＿＿＿＿＿＿＿＿＿＿＿＿＿＿。
005	**turn C** Cになる	She turned pale with fear. 彼女は恐怖で＿＿＿＿＿＿＿＿＿＿＿＿＿＿＿。
006	**grow C** Cになる 🖉 活用 grow-grew-grown	His son grew tall. 彼の息子は＿＿＿＿＿＿＿＿＿＿＿＿＿＿＿＿。
007	**fall C** Cになる 🖉 活用 fall-fell-fallen	He fell asleep during class. 彼は授業中, ＿＿＿＿＿＿＿＿＿＿＿＿＿＿＿。

be【状態】「Cである」のグループ

008	**keep C** Cのままでいる 🖉 活用 keep-kept-kept	I kept silent during class. 私は授業中, ＿＿＿＿＿＿＿＿＿＿＿＿＿＿＿。
009	**remain C** Cのままでいる	The truth remained unknown. その真相は＿＿＿＿＿＿＿＿＿＿＿＿＿＿＿＿。
010	**stay C** Cのままでいる	He stayed awake until midnight. 彼は深夜まで＿＿＿＿＿＿＿＿＿＿＿＿＿＿＿。

次の日本語を英語にするとき，空所に適語を補いましょう。
答えは音声や〈左ページ〉で確認しましょう。

K001
〜
K010

Chapter
1

□(1) 彼はついに医師になった。 ◀ ドリル1の答えです。

✎ He finally b＿＿＿＿＿＿ a d＿＿＿＿＿＿.

□(2) 私たちはサッカーの練習後に疲れた。

We g＿＿＿＿＿ t＿＿＿＿＿ after soccer practice.

こちらもCheck! ▶ get：036, 092

□(3) すべての私の願いは本当になった［→現実になった］。 ✎ [ ] 内は，より自然な訳です。

All my wishes c＿＿＿＿＿ t＿＿＿＿＿.

こちらもCheck! ▶ come：161, 163, 314

□(4) 状況は次第に悪い状態になった［→うまくいかなくなった］。

Things gradually w＿＿＿＿＿ wr＿＿＿＿＿.

こちらもCheck! ▶ go：162, 291

□(5) 彼女は恐怖で顔が青ざめた。

She t＿＿＿＿＿ p＿＿＿＿＿ with fear.

こちらもCheck! ▶ turn：019, 166, 222

□(6) 彼の息子は背が高くなった［→背が伸びた］。

His son g＿＿＿＿＿ t＿＿＿＿＿.

こちらもCheck! ▶ grow：298

□(7) 彼は授業中，睡眠状態になった［→眠りに落ちた］。

He f＿＿＿＿＿ a＿＿＿＿＿ during class.

こちらもCheck! ▶ fall：168

□(8) 私は授業中，静かなままでいた［→静かにしていた］。

I k＿＿＿＿＿ s＿＿＿＿＿ during class.

こちらもCheck! ▶ keep：076, 206

□(9) その真相は知られていないままでいた［→不明なままだった］。

The truth r＿＿＿＿＿ unknown.

□(10) 彼は深夜まで起きたままでいた［→夜ふかししていた］。

He s＿＿＿＿＿ a＿＿＿＿＿ until midnight.

英語の青色の部分の訳を下に書きましょう。
答えは 右ページ で確認しましょう。

☐ **(1)** Ms. Blackwell became the first female doctor in the US. ◁ ドリル4の答えです。

✎ ブラックウェル氏は＿＿＿＿＿＿＿＿＿＿＿＿＿＿＿＿＿＿＿＿＿＿＿＿＿＿。

☐ **(2)** The situation got worse as time went by.

状況は＿＿＿＿＿＿＿＿＿＿＿＿＿＿＿＿＿＿＿＿＿＿＿＿＿＿＿＿＿。

☐ **(3)** Finally, Shota's dream came true, and he became a voice actor.

ついに，ショウタの＿＿＿＿＿＿＿＿＿＿＿＿＿＿＿＿＿，彼は声優になった。

☐ **(4)** The company went bankrupt because of the CEO's poor decisions.

そのCEOのお粗末な判断により，＿＿＿＿＿＿＿＿＿＿＿＿＿＿＿＿＿。
✎ bankrupt 形 倒産した，財政破綻した／CEO(chief executive officer) 最高経営責任者

☐ **(5)** Do not cross the road before the traffic lights turn green.

＿＿＿＿＿＿＿＿＿＿＿＿＿＿＿＿＿＿前に道路を渡ってはいけません。
✎ traffic light 信号

☐ **(6)** His blog is growing popular among music fans.

彼のブログは＿＿＿＿＿＿＿＿＿＿＿＿＿＿＿＿＿＿＿＿＿＿＿＿＿。

☐ **(7)** The singer suddenly fell ill and underwent an operation.

＿＿＿＿＿＿＿＿＿＿＿＿＿＿＿＿＿＿＿＿＿，手術を受けた。
✎ undergo 動 O を経験する，（治療）を受ける／operation 名 手術

☐ **(8)** I heard some big news, so it was difficult to keep quiet during class.

ビッグニュースを聞いたので，授業中＿＿＿＿＿＿＿＿＿＿＿＿＿＿＿＿＿。

☐ **(9)** Five years have passed since I left this city, but everything remains unchanged.

この町を出て5年経ったが，＿＿＿＿＿＿＿＿＿＿＿＿＿＿＿＿＿＿＿。

☐ **(10)** You should get regular exercise to stay fit.

あなたは＿＿＿＿＿＿＿＿＿＿＿＿＿＿＿＿＿＿＿＿＿＿＿＿といいですよ。

ドリル 4
1 2 3
応用

日本語に合うように，英語を並べ替えて文を完成させましょう。
答えは音声や ⟨左ページ⟩ で確認しましょう。

Y001
〜
Y010

☐ (1) ブラックウェル氏はアメリカ合衆国で最初の女性医師になった。　　← ドリル3の答えです。
Ms. Blackwell (the first / became / female doctor / in the US).

文頭は
大文字！　_____

☐ (2) 状況は時間が経つにつれて悪化した。
(got / the situation / worse) as time went by.

_____

☐ (3) ついに，ショウタの夢がかなって，彼は声優になった。
Finally, (and he / Shota's dream / became / came true,) a voice actor.

_____

☐ (4) そのCEOのお粗末な判断により，その会社は倒産した。
(bankrupt / the company / because of / went) the CEO's poor decisions.

_____

☐ (5) 信号が青になる前に道路を渡ってはいけません。
Do not (before / turn green / cross / the road / the traffic lights).

_____

☐ (6) 彼のブログは音楽ファンの間で人気になりつつある。
(growing / his blog / popular / is / among) music fans.

_____

☐ (7) その歌手は突然病に倒れ，手術を受けた。
The singer suddenly (fell / and / underwent / ill) an operation.

_____

☐ (8) ビッグニュースを聞いたので，授業中静かにしているのが難しかった。
I heard some big news, so (to keep / was / difficult / quiet / it) during class.

_____

☐ (9) この町を出て5年経ったが，すべてが変わらないままだ。
Five years have passed since I left this city, (everything / unchanged / but / remains).

_____

☐ (10) あなたは健康を維持するために定期的に運動するといいですよ。
You should (get / to stay / regular exercise / fit).

_____

2 >>> 「Cのようだ」「Cに見える」の動詞

ドリル **1** 2 3 4 英語の青色の部分の訳を下に書きましょう。
答えは 右ページ で確認しましょう。

seem / look【印象】「Cのようだ」「Cに見える」のグループ

011 **look C**
☐ Cに見える ✎ 視覚的

You look happy today.

あなたは今日, _____。

012 **appear (to be) C**
☐ Cに見える ✎ 中間的

He appeared (to be) more relaxed than yesterday.

彼は昨日より_____。

013 **seem (to be) C**
☐ Cのようだ, Cに見える, 思える ✎ 印象

She seems (to be) satisfied with the result.

彼女はその結果に_____。

014 **feel C**
☐ Cと感じる
✎ 活用 feel-felt-felt

I felt good about my decision.

私は自分の決断について_____。

015 **sound C**
☐ Cに聞こえる

That recipe sounds delicious.

そのレシピは_____。

016 **taste C**
☐ Cの味がする

This grilled salmon tastes a little salty.

この焼き鮭は_____。

017 **smell C**
☐ Cのにおいがする
✎ 活用 smell-smelled[smelt]-smelled[smelt]

The cupcakes you made smell nice.

あなたが作ったカップケーキは_____。

018 **prove (to be) C**
☐ Cだとわかる；判明する

The rumor proved (to be) false.

そのうわさは_____。

019 **turn out (to be) C**
☐ Cだとわかる

The rumor turned out to be true.

そのうわさは_____。

次の日本語を英語にするとき，空所に適語を補いましょう。
答えは音声や〈左ページ〉で確認しましょう。

K011
〜
K019

☐ **(1)** あなたは今日，幸せそうに見える。

🖋 You l＿＿＿＿＿＿ h＿＿＿＿＿＿ today.

こちらもCheck! ▶ look：153，171，191

☐ **(2)** 彼は昨日より**リラックスしているように見えた**［→リラックスしているようだった］。

He a＿＿＿＿＿＿ (to be) more r＿＿＿＿＿＿ than yesterday.

☐ **(3)** 彼女はその結果に満足しているようだ。

She s＿＿＿＿＿＿ (to be) s＿＿＿＿＿＿ with the result.

☐ **(4)** 私は自分の決断について**気分がよかった**［→満足だった］。

I f＿＿＿＿＿＿ g＿＿＿＿＿＿ about my decision.

🖋 feel good about A　Aについて気分がいい，満足している

☐ **(5)** そのレシピは**おいしそうに聞こえる**［→おいしそうだ］。

That recipe s＿＿＿＿＿＿ d＿＿＿＿＿＿ .

☐ **(6)** この焼き鮭は**少し塩辛い味がする**。

This grilled salmon t＿＿＿＿＿＿ a little s＿＿＿＿＿＿ .

☐ **(7)** あなたが作ったカップケーキは**いいにおいがする**。

The cupcakes you made s＿＿＿＿＿＿ n＿＿＿＿＿＿ .

☐ **(8)** そのうわさは**嘘だとわかった**。

The rumor p＿＿＿＿＿＿ (to be) false.

＊より自然な用法として音声では (to be) を省いています。

☐ **(9)** そのうわさは**真実だとわかった**。

The rumor t＿＿＿＿＿＿ o＿＿＿＿＿＿ to be t＿＿＿＿＿＿ .

🖋 turn out to beのto beは省略せずに使うことが多い。

こちらもCheck! ▶ turn：005，166，222

Hints!

「見える」「わかる」「判明する」という意味で用いる第2文型**SVC**動詞の中には，**C**の前に to be を入れるものがあります。この to be は省略可で，(to be) **C** の部分をまとめて**C**だと考えてかまいません。

<u>The rumor</u> <u>proved</u> <u>(to be) false.</u>
　　S　　　　**V**　　　　**C**

ドリル **3** 応用　英語の青色の部分の訳を下に書きましょう。
1 2 3 4　答えは 右ページ で確認しましょう。

☐ (1) The shirt you bought yesterday looks great on you, Richard!

✎ 昨日買ったシャツ, ＿＿＿＿＿＿＿＿＿＿＿＿＿＿＿＿＿＿＿, リチャード！

☐ (2) Her son appeared to be bored with his job.

彼女の息子は＿＿＿＿＿＿＿＿＿＿＿＿＿＿＿＿＿＿＿＿＿＿＿＿＿。

こちらもCheck! ▶ bored：270

☐ (3) It seems likely that self-driving vehicles will soon become a global industry.

自動運転車はまもなく世界的な産業にな＿＿＿＿＿＿＿＿＿＿＿＿＿＿＿。

✎ self-driving vehicle　自動運転車

☐ (4) I felt very excited at her success in the job interview.

私は, 就職試験の面接で＿＿＿＿＿＿＿＿＿＿＿＿＿＿＿＿＿＿＿＿。

✎ job interview　就職試験の面接　こちらもCheck! ▶ excited：262

☐ (5) His story sounded too good to be true.

彼の話は本当であるには＿＿＿＿＿＿＿＿＿＿＿＿＿＿＿＿＿＿＿＿＿。

☐ (6) The Japanese rice wine I bought tastes good for its price.

私が買った日本酒は＿＿＿＿＿＿＿＿＿＿＿＿＿＿＿＿＿＿＿＿＿＿＿。

✎ for A　Aの割に

☐ (7) The garbage left on the shore smelled really bad.

海岸に放置されたごみは＿＿＿＿＿＿＿＿＿＿＿＿＿＿＿＿＿＿＿＿＿。

✎ shore 名 岸, 海岸

☐ (8) Their new idea proved to be useful in collecting the data.

彼らの新しいアイディアは, ＿＿＿＿＿＿＿＿＿＿＿＿＿＿＿＿＿＿＿。

☐ (9) The home address the woman gave to me turned out to be fake.

その女性が私にくれた住所は＿＿＿＿＿＿＿＿＿＿＿＿＿＿＿＿＿＿＿。

日本語に合うように，英語を並べ替えて文を完成させましょう。
答えは音声や 左ページ で確認しましょう。

Y011
〜
Y019

☐ **(1)** 昨日買ったシャツ，あなたによく似合ってるね，リチャード！

The shirt you bought yesterday (looks / on you / great), Richard!

文頭は
大文字！ _____

☐ **(2)** 彼女の息子は彼［自分］の仕事に退屈しているようだった。

Her son (bored / to be / with his job / appeared).

_____

☐ **(3)** 自動運転車はまもなく世界的な産業になりそうだ。

(it / likely / that / seems) self-driving vehicles will soon become a global industry.

_____

☐ **(4)** 私は，就職試験の面接で彼女がうまくいったことにとても興奮した。

(felt / her success / I / at / very excited) in the job interview.

_____

☐ **(5)** 彼の話は本当であるにはよすぎるようだった［に聞こえた］。

(too good / his story / to be true / sounded).

_____

☐ **(6)** 私が買った日本酒は値段の割においしい。

The Japanese rice wine I bought (for its price / good / tastes).

_____

☐ **(7)** 海岸に放置されたごみはとてもひどいにおいがした。

The garbage (left / smelled / really bad / on the shore).

_____

☐ **(8)** 彼らの新しいアイディアは，そのデータを集めることにおいて役立つとわかった。

(useful / their new idea / to be / proved) in collecting the data.

_____

☐ **(9)** その女性が私にくれた住所は嘘だとわかった。

The home address the woman gave to me (out / fake / turned / to be).

_____

第4文型SVOOをとる重要動詞

第4文型 SVO_1O_2 とは

第4文型は動詞の後ろに **O**（目的語＝主に名詞，またはそれに類するカタマリ）が2つ，**O_1**（人）**O_2**（モノ）の順番でくる文のカタチです。

この文型をとる動詞は「授与動詞」とも呼ばれ，その名前のとおり，「**人にモノを（～して）あげる［与える］**」という意味になります。

また，第4文型は第3文型 **SVO** に書き換えができます（一部書き換え不可なものもあります）。このChapterの第1・2課は **SVO** への書き換えに使う前置詞に注目しています。書き換えた後のカタチも意識しましょう。

第4文型	$S V O_1 O_2$	O_1は「人」，O_2は「モノ」

(1) SVO_1O_2 → SVO_2 to O_1 （書き換え時にtoを使う） give型

(2) SVO_1O_2 → SVO_2 for O_1 （書き換え時にforを使う） buy型

(3) SVO_1O_2 → SVO_2 of O_1 （書き換え時にofを使う） ask型

それではここから，SVO_1O_2 をとる重要動詞をチェックしていきましょう！

1 第3文型への書き換えに注意① give型　　学習ページ ▶ p.18

give型の動詞は**第3文型に書き換えをするときにto**を使います。

第4文型の動詞はざっくりと「与える」という意味でまとめられますが，その中でも「**もう既に渡せる状態にあるもの**」を「**あげる**」という意味で，**動作が単発**で終わるものが多いと覚えておくといいでしょう。

例 give … もう用意しているものをあげる

　　 tell … 事前に持っている知識・情報などを言葉で教えてあげる

　　 teach… 先生たちの頭の中にある内容を教えてあげる

　　 show … パスポートなど，事前に用意していたものを見せてあげる　など

---

2 第3文型への書き換えに注意② buy型　　学習ページ ▶ p.22

buy型の動詞は**第3文型に書き換えをするときにfor**を使います。「**あげる**」という動作の前

に「何かひと手間を加える」という感じで，**動作が2つ以上絡むものが多い**と覚えておくといいでしょう。

> 例　buy　… お店から買ってモノを手に入れてからあげる
>
> 　　make … 原材料を加工してからあげる
>
> 　　cook … 材料を調理してからあげる　など

なおこの課では掲載語数の都合上，give型の続きと，左ページの (3) のaskも扱っています。第3文型への書き換え時にofを用いるのはaskだけですので，覚えておきましょう。

3　要注意の意味を持つ動詞　　学習ページ▶ p.26

第1・2課では書き換えのカタチを意識して第4文型の動詞を覚えますが，第4文型の動詞の中には，一見，**「与える」の意味じゃなくない？**　と思うような意外な意味を持つ動詞があります。

❶ costやdenyなどの「与えない」系の動詞

「与え<u>ない</u>」のように表すのは，costやdenyはその**動詞自体に否定の意味がある**からです。例えば*A* cost *B* 100 yenは「Aは100円かかる」＝「Bは100円取られる」の意味です。しかしこれも「**AはBにマイナス100円を与える**」と考えることができます。

❷ allowやdoなどO_2に特定の語句がきて特別な意味を持つ動詞

allowと聞いたら「許可する」，doと聞いたら「する」の意味をまず思いつく人が多そうですが……，**allow O_1 O_2** で「**O_1（人）に O_2（お金・時間）を与える**」という意味になります（ちなみにこの意味から出てきた名詞allowanceには「おこづかい」という意味があります）。

doは**do O_1 O_2** (damage / harm / good) で「**O_1（人）に O_2（害・被害・利益）を与える**」という意味になります。どういうカラクリでそんな意味になっているかを意識して取り組んでみましょう。

①第4文型のallowについては，「はじめに」（p.1）で書いています。ぜひ読んでみてください。

4　SVOOと誤解しやすいグループ　　学習ページ▶ p.30

最後の第4課では，**「第4文型をとれそうなのにとっちゃダメ」**な動詞をまとめています。

このグループで注目したい動詞の1つがexplainです。explain O_1 O_2というカタチはとれず，**explain O_2 to O_1**，O_2の部分が長い場合には**explain to O_1 O_2**というカタチをとります。

このようなちょっとイレギュラーなものを最後にやっつけて第4文型マスターになりましょう！

1 >>> 第3文型への書き換えに注意① give 型

ドリル **1** 2 3 4　英語の青色の部分の訳を下に書きましょう。

答えは 右ページ で確認しましょう。

give O_1 O_2 → give O_2 to O_1 のグループ

020 ☐	**give O_1 O_2** O_1にO_2をあげる 📎 活用 give-gave-given	I gave him a book on wildlife. 私は野生生物に関する＿＿＿＿＿＿＿＿＿＿＿＿＿＿＿＿＿＿＿＿。
021 ☐	**hand O_1 O_2** O_1にO_2を手渡す	Can you hand me the towel? ＿＿＿＿＿＿＿＿＿＿＿＿＿＿＿＿＿＿＿くれませんか。
022 ☐	**lend O_1 O_2** O_1にO_2を貸す 📎 活用 lend-lent-lent	I lent him a dictionary yesterday. 私は昨日，＿＿＿＿＿＿＿＿＿＿＿＿＿＿＿＿＿。
023 ☐	**offer O_1 O_2** O_1にO_2を申し出る，提供する	My colleague offered me some advice. 同僚が＿＿＿＿＿＿＿＿＿＿＿＿＿＿＿＿＿＿＿＿。
024 ☐	**pay O_1 O_2** O_1にO_2を支払う 📎 活用 pay-paid-paid	I will pay them five dollars. 私は＿＿＿＿＿＿＿＿＿＿＿＿＿＿＿＿＿つもりだ。
025 ☐	**pass O_1 O_2** O_1にO_2を手渡す	Will you pass me the pepper? ＿＿＿＿＿＿＿＿＿＿＿＿＿＿＿＿＿＿くれませんか。
026 ☐	**send O_1 O_2** O_1にO_2を送る 📎 活用 send-sent-sent	She sent her friend a letter. 彼女は＿＿＿＿＿＿＿＿＿＿＿＿＿＿＿＿＿＿＿＿。
027 ☐	**teach O_1 O_2** O_1にO_2を教える 📎 活用 teach-taught-taught	He taught us English at our high school. 彼は私たちの高校で＿＿＿＿＿＿＿＿＿＿＿＿＿＿＿＿。
028 ☐	**tell O_1 O_2** O_1にO_2を言う，教える，伝える 📎 活用 tell-told-told	The boy told his parents a lie. その少年は＿＿＿＿＿＿＿＿＿＿＿＿＿＿＿＿＿＿＿。
029 ☐	**bring O_1 O_2** O_1にO_2を持ってくる［いく］ 📎 活用 bring-brought-brought	I will bring you this baggage. 私は＿＿＿＿＿＿＿＿＿＿＿＿＿＿＿＿＿＿ます。

→ **2**-**2** に続きます。

次の日本語を英語にするとき，空所に適語を補いましょう。
答えは音声や〈左ページ〉で確認しましょう。

K020
～
K029

□ (1) 私は野生生物に関する本を彼にあげた。

✎ I g_____ h_____ a b_____ on wildlife.
= I gave a book on wildlife to him.
こちらも Check! ▶ give : 243

□ (2) 私にそのタオルを手渡して［→取って］くれませんか。

Can you h_____ m_____ the t_____?
= Can you hand the towel to me?

□ (3) 私は昨日，彼に辞書を貸した。

I l_____ h_____ a d_____ yesterday.
= I lent a dictionary to him yesterday.
こちらも Check! ▶ lend : 303

□ (4) 同僚が私に助言を申し出た［→くれた］。

My colleague o_____ m_____ some a_____.
= My colleague offered some advice to me.

□ (5) 私は彼らに5ドル支払うつもりだ。

I will p_____ t_____ five d_____.
= I will pay five dollars to them.

□ (6) 私にコショウを取ってくれませんか。

Will you p_____ m_____ the p_____?
= Will you pass the pepper to me?
こちらも Check! ▶ pass : 160

□ (7) 彼女は友人に手紙を送った。

She s_____ her f_____ a l_____.
= She sent a letter to her friend.

□ (8) 彼は私たちの高校で私たちに英語を教えていた。

He t_____ u_____ E_____ at our high school.
= He taught English to us at our high school.

□ (9) その少年は両親に嘘を言った［→嘘をついた］。

The boy t_____ his p_____ a l_____.
= The boy told a lie to his parents.
こちらも Check! ▶ tell : 082, 209, 294

□ (10) 私はあなたにこの荷物を持っていきます。

I will b_____ y_____ this b_____.
= I will bring this baggage to you.
こちらも Check! ▶ bring : 300

英語の青色の部分の訳を下に書きましょう。
答えは 右ページ で確認しましょう。
英文は SVO₁O₂ または SVO₂ to O₁ のカタチになっています。

□ (1) Yuma kindly gave a helping hand to me when I was in trouble.

✎ ユウマは私が困難に直面していたとき，親切にも＿＿＿＿＿＿＿＿＿＿＿＿＿＿＿＿＿。

✎ helping hand　手助け／ be in trouble　困っている

□ (2) A stranger came into the office and handed me a letter.

見知らぬ人がオフィスに入ってきて，＿＿＿＿＿＿＿＿＿＿＿＿＿＿＿＿＿。

□ (3) My sister lent me her computer because something was wrong with mine.

私のコンピュータの調子がおかしいので，＿＿＿＿＿＿＿＿＿＿＿＿＿＿＿。

□ (4) Our school offers the students a good environment for developing friendships.

我が校は，友情を育むための＿＿＿＿＿＿＿＿＿＿＿＿＿＿＿＿。

✎ develop friendships　友情を育む

□ (5) Her part-time job at a restaurant pays Risa 30 dollars a week.

レストランのアルバイトで＿＿＿＿＿＿＿＿＿＿＿＿＿＿＿＿＿。

✎ 無生物主語の文。Risaを主語にして訳すと自然な日本語になります。

□ (6) I picked up the photo and passed it to my friend.

私はその写真を拾い上げて，＿＿＿＿＿＿＿＿＿＿＿＿＿＿＿＿＿。

□ (7) Please remind me to send an email to the client.

私に＿＿＿＿＿＿＿＿＿＿＿＿＿＿＿＿＿ことを思い出させてくださいね。

□ (8) English teachers teach students how to use dictionaries in the first class.

英語教師は最初の授業で＿＿＿＿＿＿＿＿＿＿＿＿＿＿＿＿＿。

✎ in the first class　最初の授業で

□ (9) My friend excitedly told me how wonderful the band's new song was.

友人は興奮して，＿＿＿＿＿＿＿＿＿＿＿＿＿＿＿＿＿。

✎ how ＋ 形容詞 ＋ S ＋ be動詞　Sがどれほど〜であるか（ここではhow以下がO₂になっています。）

□ (10) The waiter brought the woman a cup of tea to calm her down.

気分を落ち着かせるために，そのウエイターは＿＿＿＿＿＿＿＿＿＿＿＿＿＿＿＿。

ドリル **4** 応用　日本語に合うように，英語を並べ替えて文を完成させましょう。
答えは音声や〈左ページ〉で確認しましょう。

Y020 ～ Y029

Chapter **2**

☐ (1) ユウマは私が困難に直面していたとき，親切にも私に手を貸してくれた。
Yuma kindly (me / gave / a helping hand / to) when I was in trouble.

文頭は
大文字！
_____

☐ (2) 見知らぬ人がオフィスに入ってきて，私に（1通の）手紙を手渡した。
(a stranger / a letter / came into / the office / and handed / me).

_____

☐ (3) 私のコンピュータの調子がおかしいので，姉［妹］が私に彼女のものを貸してくれた。
(sister / computer / my / lent / me / her) because something was wrong with mine.

_____

☐ (4) 我が校は，友情を育むためのよい環境を生徒たちに提供しています。
(the students / our school / a good environment / offers) for developing friendships.

_____

☐ (5) レストランのアルバイトでリサは1週間に30ドル稼ぐ。
Her part-time job at a restaurant (30 dollars / Risa / pays / a week).

_____

☐ (6) 私はその写真を拾い上げて，それを友人に手渡した。
I (and / picked up / passed / the photo / it / to my friend).

_____

☐ (7) 私にそのお客様へメールを送ることを思い出させてくださいね。
Please remind (an email / to the client / me / to send).

_____

☐ (8) 英語教師は最初の授業で生徒に辞書の使い方を教える。
(dictionaries / how to use / English teachers / teach / students) in the first class.

_____

☐ (9) 友人は興奮して，そのバンドの新曲がどれほどすばらしいかを私に伝えた。
My friend excitedly (told / the band's new song / me / how wonderful) was.

_____

☐ (10) 気分を落ち着かせるために，そのウエイターはその女性に1杯のお茶を持ってきた。
(the woman / the waiter / brought / a cup of tea) to calm her down.

_____

2 >>> 第3文型への書き換えに注意② buy 型

ドリル **キソ**
1 2 3 4 英語の青色の部分の訳を下に書きましょう。
答えは 右ページ で確認しましょう。

→ **2-1** の続きです。

---

030 **show O₁ O₂**
☐ O₁にO₂を見せる
✎ 活用 show-showed-shown [showed]

Will you show me your passport, please?

_____くれませんか。

---

031 **award O₁ O₂**
☐ O₁にO₂を授与する

They awarded her a silver medal.

彼らは_____。

---

buy O₁ O₂ → buy O₂ for O₁ のグループ

032 **buy O₁ O₂**
☐ O₁にO₂を買ってやる
✎ 活用 buy-bought-bought

I will buy you breakfast tomorrow.

明日，私が_____つもりです。

---

033 **choose O₁ O₂**
☐ O₁にO₂を選んでやる
✎ 活用 choose-chose-chosen

She chose her father a nice tie.

彼女は_____。

---

034 **cook O₁ O₂**
☐ O₁にO₂(料理)を作ってやる

I cooked my son dinner.

私は_____。

---

035 **find O₁ O₂**
☐ O₁にO₂を見つけてやる
✎ 活用 find-found-found

The teacher found him a good book.

その先生は_____。

---

036 **get O₁ O₂**
☐ O₁にO₂を手に入れてやる

I will get you another cup of tea.

_____ます。

---

037 **make O₁ O₂**
☐ O₁にO₂を作ってやる
✎ 活用 make-made-made

He made his son a bookshelf.

彼は_____。

---

038 **sing O₁ O₂**
☐ O₁にO₂を歌ってやる
✎ 活用 sing-sang-sung

He sang his girlfriend a love song.

彼は_____。

例外 ask O₁ O₂ → ask O₂ of O₁

039 **ask O₁ O₂**
☐ O₁にO₂を頼む

Can I ask you a favor?

_____いいですか。

☐ (1) 私にあなたのパスポートを見せてくれませんか。

✎ Will you s_____ m_____ your p_____, please?
= Will you show your passport to me, please?

☐ (2) 彼らは彼女に銀メダルを授与した。

They a_____ h_____ a silver m_____.
= They awarded a silver medal to her.

☐ (3) 明日，私があなたに朝食を買ってあげるつもりです。

I will b_____ y_____ b_____ tomorrow.
= I will buy breakfast for you tomorrow.

☐ (4) 彼女は父親にすてきなネクタイを選んであげた。

She c_____ her f_____ a nice t_____.
= She chose a nice tie for her father.

☐ (5) 私は息子に夕食を作ってやった。

I c_____ my s_____ d_____.
= I cooked dinner for my son.

☐ (6) その先生は彼によい本を見つけてやった。

The teacher f_____ h_____ a good b_____.
= The teacher found a good book for him.　　　　こちらも Check! ▶ find：075

☐ (7) あなたにもう1杯お茶をあげます。

I will g_____ y_____ another c_____ of tea.
= I will get another cup of tea for you.　　　　こちらも Check! ▶ get：002, 092

☐ (8) 彼は息子に本棚を作ってやった。

He m_____ his s_____ a bookshelf.
= He made a bookshelf for his son.　　　　こちらも Check! ▶ make：062, 068

☐ (9) 彼はガールフレンドにラブソングを歌ってやった。

He s_____ his g_____ a love s_____.
= He sang a love song for his girlfriend.　　✎ He sang a love song to his girlfriend. もよく使われる。

☐ (10) あなたに親切な行いを頼んでも ［→頼みごとをしても］ いいですか。

Can I a_____ y_____ a f_____?
= Can I ask a favor of you?　　　　こちらも Check! ▶ ask：088

英語の青色の部分の訳を下に書きましょう。

答えは 右ページ で確認しましょう。

英文は SVO₁O₂ または 〈SVO₂ + 前置詞 + O₁〉のカタチになっています。

☐ **(1)** The detective showed the clear evidence to the suspect.

✎ その刑事は＿＿＿＿＿＿＿＿＿＿＿＿＿＿＿＿＿＿＿＿＿＿＿＿＿＿＿＿＿。

✎ detective 名 刑事／suspect 名 容疑者

☐ **(2)** The Nobel Foundation awarded the Nobel Peace Prize to the woman in 2004.

ノーベル財団は2004年に＿＿＿＿＿＿＿＿＿＿＿＿＿＿＿＿＿＿＿＿＿＿＿。

☐ **(3)** I will buy some flowers for Mary on her birthday.

私は＿＿＿＿＿＿＿＿＿＿＿＿＿＿＿＿＿＿＿＿＿＿＿つもりだ。

☐ **(4)** She chose some papers on sociology for me to help further my studies.

私の研究をさらに手助けするために，＿＿＿＿＿＿＿＿＿＿＿＿＿＿＿＿＿。

✎ paper 名 論文／sociology 名 社会学／further 副 さらに

☐ **(5)** Takeshi often cooks dinner for me when he comes to my house.

タケシは私の家に来るとよく＿＿＿＿＿＿＿＿＿＿＿＿＿＿＿＿＿＿＿。

☐ **(6)** I should find a nice present for my wife.

私は＿＿＿＿＿＿＿＿＿＿＿＿＿＿＿＿＿＿＿＿＿＿なくてはならない。

☐ **(7)** As my sister is his close friend, she will get me tickets for his concert.

姉は彼と仲のよい友人だから，＿＿＿＿＿＿＿＿＿＿＿＿＿＿＿＿＿＿。

☐ **(8)** Women in the past made their families everything they needed at home.

昔の女性たちは，家で＿＿＿＿＿＿＿＿＿＿＿＿＿＿＿＿＿＿＿＿＿＿。

☐ **(9)** Aki sang very moving songs for the audience at the charity event.

アキはそのチャリティイベントで＿＿＿＿＿＿＿＿＿＿＿＿＿＿＿＿＿＿。

✎ moving 形 感動的な／audience 名 (集合的に)聴衆／charity 名 (形容詞的に使って)慈善のための

☐ **(10)** Excuse me, but could I ask a favor of you, Mr. Kobayashi?

すみませんが，＿＿＿＿＿＿＿＿＿＿＿＿＿＿＿＿＿＿＿＿＿＿，小林さん。

ドリル 4 応用 123 日本語に合うように，英語を並べ替えて文を完成させましょう。

答えは音声や〈左ページ〉で確認しましょう。

□ **(1)** その刑事は容疑者に明らかな証拠を示した。

The detective (showed / the suspect / the clear evidence / to).

文頭は
大文字！

_____

□ **(2)** ノーベル財団は2004年にその女性にノーベル平和賞を授与した。

The Nobel Foundation (to / awarded / the Nobel Peace Prize / the woman) in 2004.

_____

□ **(3)** 私はメアリーに，誕生日に花を買う［買ってやる］つもりだ。

I will (for / buy / Mary / some flowers) on her birthday.

_____

□ **(4)** 私の研究をさらに手助けするために，彼女は社会学の論文をいくつか私に選んでくれた。

She (for me / some papers / chose / on sociology) to help further my studies.

_____

□ **(5)** タケシは私の家に来るとよく私に夕食を作ってくれる。

(dinner / for me / Takeshi / often cooks) when he comes to my house.

_____

□ **(6)** 私は妻にすてきなプレゼントを見つけなくてはならない。

(a nice present / I / for my wife / should find).

_____

□ **(7)** 姉は彼と仲のよい友人だから，彼女は私に彼のコンサートのチケットを手に入れてくれるだろう。

As my sister is his close friend, (get / tickets / me / she / will / for) his concert.

_____

□ **(8)** 昔の女性たちは，家で必要なものすべてを家族に作って（やって）いた。

Women in the past (their families / everything they needed / made) at home.

_____

□ **(9)** アキはそのチャリティイベントで聴衆にとても感動的な曲を歌った。

Aki (very moving songs / sang / for the audience) at the charity event.

_____

□ **(10)** すみませんが，あなたにお願いをしてもよろしいでしょうか，小林さん。

Excuse me, but (a favor / ask / could / I / of / you), Mr. Kobayashi?

_____

3 >>> 要注意の意味を持つ動詞

ドリル 1 2 3 4 (キソ) 英語の青色の部分の訳を下に書きましょう。
答えは 右ページ で確認しましょう。

英文読解で頻出・要注意の意味を持つグループ

040 **allow O₁ O₂**

O₁にO₂(金銭・時間・自由など)を与える

I allow my daughter 3,000 yen every month.

私は毎月, ＿＿＿＿＿＿＿＿＿＿＿＿＿＿＿＿＿＿＿＿＿＿＿＿＿＿＿。

041 **cause O₁ O₂**

O₁にO₂を引き起こす

The flood caused the area serious damage.

その洪水は＿＿＿＿＿＿＿＿＿＿＿＿＿＿＿＿＿＿＿＿＿＿＿＿＿＿＿。

042 **cost O₁ O₂**

O₁にO₂(金銭・代償)がかかる
✎ 活用 cost-cost-cost

The new phone cost me 1,500 dollars.

新しい電話は＿＿＿＿＿＿＿＿＿＿＿＿＿＿＿＿＿＿＿＿＿＿＿＿＿＿。

043 **deny O₁ O₂**

O₁にO₂を認めない, 与えない

The king denied the people their freedom.

その王は, ＿＿＿＿＿＿＿＿＿＿＿＿＿＿＿＿＿＿＿＿＿＿＿＿＿＿。

044 **do O₁ O₂**

O₁にO₂(利益・害・被害)を与える
✎ 活用 do-did-done

Daily exercise does you good.

毎日運動するのは＿＿＿＿＿＿＿＿＿＿＿＿＿＿＿＿＿＿＿＿＿＿＿。

045 **leave O₁ O₂**

O₁にO₂を残しておく
✎ 活用 leave-left-left

His father left him a large fortune.

彼の父親は＿＿＿＿＿＿＿＿＿＿＿＿＿＿＿＿＿＿＿＿＿＿＿＿＿＿。

046 **take O₁ O₂**

O₁にO₂(時間・労力・勇気など)がかかる
✎ 活用 take-took-taken

It took me ten minutes to walk to the station.

駅まで歩くのに, ＿＿＿＿＿＿＿＿＿＿＿＿＿＿＿＿＿＿＿＿＿＿。

047 **save O₁ O₂**

O₁からO₂(お金・時間など)を省く, 節約する

Taking a taxi will save you a lot of time.

タクシーに乗ることで, ＿＿＿＿＿＿＿＿＿＿＿＿＿＿＿＿できるでしょう。

048 **spare O₁ O₂**

①O₁にO₂を費やす, 割く
②O₁にO₂をかけさせない [与えないでおく]

Could you spare me a moment?　　　✎ 英文は①です。

＿＿＿＿＿＿＿＿＿＿＿＿＿＿＿＿＿＿＿ませんか。

049 **owe O₁ O₂**　= owe A to B(▶p.104)

O₁にO₂の借りがある,
O₂はO₁のおかげ [せい] である

I owe him 100 dollars.

私は＿＿＿＿＿＿＿＿＿＿＿＿＿＿＿＿＿＿＿＿＿＿＿＿＿＿＿＿＿。

次の日本語を英語にするとき，空所に適語を補いましょう。
答えは音声や〈左ページ〉で確認しましょう。

 K040 ～ K049

☐ **(1)** 私は毎月，娘に 3,000 円を与えている。

✎ I a＿＿＿＿＿＿＿ my d＿＿＿＿＿＿＿ 3,000 yen every month.

こちらも Check! ▶ allow：089

☐ **(2)** その洪水はその地域に深刻な損害を引き起こした。

The flood c＿＿＿＿＿＿＿ the a＿＿＿＿＿＿＿ serious d＿＿＿＿＿＿＿.

こちらも Check! ▶ cause：102

☐ **(3)** 新しい電話は（私に ［→私が支払うのに］）1,500 ドルかかった。

The new phone c＿＿＿＿＿＿＿ m＿＿＿＿＿＿＿ 1,500 dollars.

✎「O_1 にマイナス O_2 を与える」と考えます。(▶p.17)

☐ **(4)** その王は，人々に自由を認めなかった。

The king d＿＿＿＿＿＿＿ the p＿＿＿＿＿＿＿ their f＿＿＿＿＿＿＿.

こちらも Check! ▶ deny：241

☐ **(5)** 毎日運動するのはあなたに利益を与える ［→あなたにとってよいことだ］。

Daily exercise d＿＿＿＿＿＿＿ y＿＿＿＿＿＿＿ g＿＿＿＿＿＿＿.

☐ **(6)** 彼の父親は彼に膨大な財産を残した。

His father l＿＿＿＿＿＿＿ h＿＿＿＿＿＿＿ a large f＿＿＿＿＿＿＿.

= His father left a large fortune to him.

こちらも Check! ▶ leave：077, 114

☐ **(7)** 駅まで歩くのに，（私に ［→私には］）10 分かかった。

It t＿＿＿＿＿＿＿ m＿＿＿＿＿＿＿ ten minutes to walk to the station.

こちらも Check! ▶ take：135, 197

☐ **(8)** タクシーに乗ることで，あなたはたくさんの時間を節約できるでしょう。

Taking a taxi will s＿＿＿＿＿＿＿ y＿＿＿＿＿＿＿ a lot of t＿＿＿＿＿＿＿.

☐ **(9)** 私に少し時間をくれませんか。

Could you s＿＿＿＿＿＿＿ m＿＿＿＿＿＿＿ a mo＿＿＿＿＿＿＿?

☐ **(10)** 私は彼に 100 ドル借りている。

I o＿＿＿＿＿＿＿ h＿＿＿＿＿＿＿ 100 dollars.

こちらも Check! ▶ owe：218

ドリル **3** 応用　英語の青色の部分の訳を下に書きましょう。
1 2 **3** 4　答えは 右ページ で確認しましょう。

☐ **(1)** You are allowed 90 minutes to complete this exam.

　✎ この試験を終えるのに, ＿＿＿＿＿＿＿＿＿＿＿＿＿＿＿＿＿＿＿＿＿＿＿＿。

✎ allow O₁ O₂のO₁を主語にした受動態の文です。

☐ **(2)** His new marketing research project is causing us a lot of trouble.

　彼の新たな市場調査のプロジェクトは＿＿＿＿＿＿＿＿＿＿＿＿＿＿＿＿＿＿＿。

✎ marketing research　市場調査／trouble 名 手間, 苦労

☐ **(3)** Careless driving on the highway cost him his life.

　幹線道路での不注意な運転によって, ＿＿＿＿＿＿＿＿＿＿＿＿＿＿＿＿＿＿。

☐ **(4)** In developing countries, many people are denied access to safe water.

　発展途上国では, たくさんの人々が＿＿＿＿＿＿＿＿＿＿＿＿＿＿＿＿＿＿。

✎ access to A　Aの入手経路, 利用権→Aを利用できること

☐ **(5)** Compared to jogging, cycling does less harm to the joints.

　ジョギングと比べて, ＿＿＿＿＿＿＿＿＿＿＿＿＿＿＿＿＿＿＿＿＿＿＿。

✎ do O₂ to O₁のようにも使います。／harm 名 害／joint 名 関節

☐ **(6)** She said she would be late. Shall we leave her some pizza and juice?

　彼女は遅れて来ると言いました。＿＿＿＿＿＿＿＿＿＿＿＿＿＿＿＿＿＿＿＿。

☐ **(7)** It takes learners a lot of time and effort to master foreign languages.

　外国語をマスターするには, ＿＿＿＿＿＿＿＿＿＿＿＿＿＿＿＿＿＿＿＿＿。

☐ **(8)** Introducing a self-checkout system will save shop owners personnel costs.

　セルフレジの導入によって, ＿＿＿＿＿＿＿＿＿＿＿＿＿＿＿＿＿＿＿＿＿。

✎ self-checkout system　セルフレジ／personnel costs　人件費

☐ **(9)** This application can spare you the trouble of entering text.

　このアプリは文字を入力する＿＿＿＿＿＿＿＿＿＿＿＿＿＿＿＿＿＿＿＿＿。

✎ enter text　文字を入力する

☐ **(10)** He owes his high school teacher much of his success.

　彼の成功の大部分は＿＿＿＿＿＿＿＿＿＿＿＿＿＿＿＿＿＿＿＿＿＿＿＿。

✎ owe A to Bで表すことが多い。(▶p.104の218参照)

ドリル 4 (応用) 日本語に合うように，英語を並べ替えて文を完成させましょう。
答えは音声や 左ページ で確認しましょう。

Y040 〜 Y049

☐ **(1)** この試験を終えるのに，あなたに90分が与えられています。

(you / allowed / are / 90 minutes) to complete this exam.

✎ 文頭は大文字！ _____

☐ **(2)** 彼の新たな市場調査のプロジェクトは私たちに多大な手間を引き起こしている。

His new marketing research project (a lot of trouble / is / causing / us).

_____

☐ **(3)** 幹線道路での不注意な運転によって，彼は命を失った。

Careless driving on the highway (his / him / life / cost).

_____

☐ **(4)** 発展途上国では，たくさんの人々が安全な水を利用できない。

In developing countries, many people (access / are / denied / safe water / to).

_____

☐ **(5)** ジョギングと比べて，サイクリングは関節に与える害が少ない。

Compared to jogging, (less / cycling / harm / does) to the joints.

_____

☐ **(6)** 彼女は遅れて来ると言いました。彼女にいくらかピザとジュースをとっておきましょうか。

She said she would be late. (we / shall / her / leave / some pizza and juice)?

_____

☐ **(7)** 外国語をマスターするには，学習者はたくさんの時間と努力を要する。

It (takes / time and effort / learners / a lot of) to master foreign languages.

_____

☐ **(8)** セルフレジの導入によって，店の所有者は人件費を節約できるだろう。

Introducing a self-checkout system (personnel costs / will / shop owners / save).

_____

☐ **(9)** このアプリは文字を入力する手間を省くことができる。

This application can (the trouble / spare / you / of) entering text.

_____

☐ **(10)** 彼の成功の大部分は彼の高校の先生のおかげだ。

He (owes / his high school teacher / his success / much of).

_____

4 ››› **SVOOと誤解しやすいグループ**

ドリル **1** 234 英語の青色の部分の訳を下に書きましょう。

答えは 右ページ で確認しましょう。

「人に何かを言う，勧める」の意味で，原則SVOOのカタチをとらないグループ

050 ☐	**say (to+人) that SV [“...”]** (人に)…だと [「…」と] 言う* 🖉 活用 say-said-said	The teacher said to me, "Study hard!" その先生は「一生懸命勉強しなさい！」と＿＿＿＿＿＿＿＿＿＿。
051 ☐	**explain O (to+人) [(to+人) O]** (人に)Oを説明する 🖉 that節が長い場合は特に，後者になりやすい。	He explained the rules to me. 彼は＿＿＿＿＿＿＿＿＿＿＿＿。
052 ☐	**express O (to+人) [(to+人) O]** (人に)Oを表す，表明する	I'd like to express my feelings of thankfulness to you. ＿＿＿＿＿＿＿＿＿＿＿たいと思います。
053 ☐	**mention (to+人) that SV** (人に)…だと言う	He mentioned to his wife that he would be fired. 彼は自分がクビになるだろう＿＿＿＿＿＿＿＿＿＿。
054 ☐	**admit (to+人) that SV** (人に)…だと認める	He admitted to the police that he stole the money. 彼はその金を盗んだ＿＿＿＿＿＿＿＿＿＿。
055 ☐	**confess (to+人) that SV** (人に)…だと告白する	The boy confessed to me that he had broken the window. その少年は自分がその窓を割った＿＿＿＿＿＿＿＿＿＿。
056 ☐	**propose (to+人) that SV** (人に)…を提案する，申し出る	I proposed to her that we go to another restaurant. 私は別のレストランに行く＿＿＿＿＿＿＿＿＿＿。
057 ☐	**recommend (to+人) that SV** (人に)…することを勧める	I recommended to her that her son apply for the job. 私は彼女の息子がその仕事に応募する＿＿＿＿＿＿＿＿＿＿。
058 ☐	**suggest (to+人) that SV** (人に)…するように勧める，提案する	I suggested to her that we study in the library. 私は，図書館で勉強する＿＿＿＿＿＿＿＿＿＿。

＊見出し語の訳は「(人に)…だと言う」のようにしていますが，「…」の部分が長い場合は「…と人に言う」のように「…」を先に訳すと自然な訳になります。

ドリル **2** 1 3 4 キン 次の日本語を英語にするとき，空所に適語を補いましょう。答えは音声や 左ページ で確認しましょう。

K050
〜
K058

☐ (1) その先生は「一生懸命勉強しなさい！」と私に言った。

✎ The teacher s＿＿＿＿＿＿ t＿＿＿＿＿＿ m＿＿＿＿＿＿, "Study hard!"

✎「言う」の意味でSVOOをとれる伝達動詞はtellだけ！

こちらもCheck! ▶ say : 293

☐ (2) 彼は私にその規則を説明した。

He e＿＿＿＿＿＿ the rules t＿＿＿＿＿＿ m＿＿＿＿＿＿.

☐ (3) あなたに私の感謝の気持ちを表したいと思います。

I'd like to e＿＿＿＿＿＿ my feelings of t＿＿＿＿＿＿ t＿＿＿＿＿＿ you.

☐ (4) 彼は自分がクビになるだろうと妻に言った。

He m＿＿＿＿＿＿ t＿＿＿＿＿＿ his wife t＿＿＿＿＿＿ he would be fired.

こちらもCheck! ▶ mention : 108

☐ (5) 彼はその金を盗んだと警察に認めた。

He a＿＿＿＿＿＿ t＿＿＿＿＿＿ the police t＿＿＿＿＿＿ he stole the money.

こちらもCheck! ▶ admit : 240

☐ (6) その少年は自分がその窓を割ったと私に告白した。

The boy c＿＿＿＿＿＿ t＿＿＿＿＿＿ me t＿＿＿＿＿＿ he had broken the window.

☐ (7) 私は別のレストランに行くことを彼女に提案した。

I p＿＿＿＿＿＿ t＿＿＿＿＿＿ her t＿＿＿＿＿＿ we go to another restaurant.

☐ (8) 私は彼女の息子がその仕事に応募することを彼女に勧めた。

I r＿＿＿＿＿＿ t＿＿＿＿＿＿ her t＿＿＿＿＿＿ her son apply for the job.

☐ (9) 私は図書館で勉強することを彼女に提案した。

I s＿＿＿＿＿＿ t＿＿＿＿＿＿ her t＿＿＿＿＿＿ we study in the library.

こちらもCheck! ▶ suggest : 249

Hints!

056〜058の動詞は「提案・命令・要求・主張」などを表す動詞の一部です。後ろのthat SV はthat S (should) *do*のカタチになります。shouldを省略した場合，動詞は常に原形で，時制の一致の影響は受けません（「仮定法現在」と言います）。例えば056でthat we wentにならないのはこのためです（057・058も同様）。

英語の青色の部分の訳を下に書きましょう。

答えは 右ページ で確認しましょう。

☐ **(1)** Ken **said to me that I could borrow his lecture notes**.

✎ ケンは＿＿＿＿＿＿＿＿＿＿＿＿＿＿＿＿＿＿＿＿＿＿＿＿＿＿＿＿＿＿。

✎ lecture notes　講義ノート

☐ **(2)** The guide **explained to us that we would look around historical sites**.

そのガイドは＿＿＿＿＿＿＿＿＿＿＿＿＿＿＿＿＿＿＿＿＿＿＿＿＿＿。

✎ historical sites　史跡

☐ **(3)** I would like to express my sympathy to the victims **of the natural disaster**.

自然災害の＿＿＿＿＿＿＿＿＿＿＿＿＿＿＿＿＿＿＿＿＿＿＿＿＿＿＿。

✎ sympathy 名 お悔やみ／victim 名 被害者

☐ **(4)** She **mentioned to me that getting enough sleep was very important**.

彼女は＿＿＿＿＿＿＿＿＿＿＿＿＿＿＿＿＿＿＿＿＿＿＿＿＿＿＿＿＿。

☐ **(5)** The politician **admitted to the reporters that she had lied about her past**.

その政治家は＿＿＿＿＿＿＿＿＿＿＿＿＿＿＿＿＿＿＿＿＿＿＿＿＿＿。

✎ politician 名 政治家／reporter 名 記者

☐ **(6)** The doctor **confessed to the patient that he had made a mistake in the operation**.

その医師は＿＿＿＿＿＿＿＿＿＿＿＿＿＿＿＿＿＿＿＿＿＿＿＿＿＿。

✎ operation 名 手術

☐ **(7)** The manager **proposed to the staff that every document be digitized**.

その部長は＿＿＿＿＿＿＿＿＿＿＿＿＿＿＿＿＿＿＿＿＿＿＿＿＿＿。

✎ digitize 動 Oをデジタル化する

☐ **(8)** The editor **recommended to the novelist that she visit Northern Europe**.

その編集者は＿＿＿＿＿＿＿＿＿＿＿＿＿＿＿＿＿＿＿＿＿＿＿＿＿。

✎ Northern Europe　北欧，北ヨーロッパ

☐ **(9)** Our family doctor **suggested to my father that he stop smoking**.

私たち家族のかかりつけ医は＿＿＿＿＿＿＿＿＿＿＿＿＿＿＿＿＿＿＿＿。

✎ family doctor　かかりつけ医

ドリル 応用 123 4　日本語に合うように，英語を並べ替えて文を完成させましょう。答えは音声や 左ページ で確認しましょう。

Y050 〜 Y058

Chapter 2

□ (1) ケンは私に，彼の講義ノートを借りてもいいと言った。

Ken (me / I / said / to / that) could borrow his lecture notes.

文頭は
大文字！

_____

□ (2) そのガイドは私たちに，私たちは史跡を見て回ると説明した。

The guide (us / we / explained / to / that) would look around historical sites.

_____

□ (3) 自然災害の被害者にお悔やみを申し上げます。

I would like to (to / express / my sympathy / the victims) of the natural disaster.

_____

□ (4) 彼女は私に，十分な睡眠をとることがとても重要だと言った。

(to / she / me / mentioned / that) getting enough sleep was very important.

_____

□ (5) その政治家は記者たちに，自分の過去について嘘をついていたことを認めた。

(the reporters / admitted / to / the politician / that) she had lied about her past.

_____

□ (6) その医師は患者に，手術でミスを犯したと告白した。

(confessed / the patient / the doctor / to / that) he had made a mistake in the operation.

_____

□ (7) その部長はスタッフに，すべての文書をデジタル化することを提案した。

(the staff / the manager / proposed / to / that) every document be digitized.

_____

□ (8) その編集者はその小説家に，北欧を訪れることを勧めた。

(to / the editor / the novelist / that / recommended) she visit Northern Europe.

_____

□ (9) 私たち家族のかかりつけ医は私の父に，喫煙をやめるよう勧めた。

(that / suggested / to / my father / our family doctor) he stop smoking.

_____

Chapter ❷-4 ドリル 123 4 33

3 第5文型SVOCをとる重要動詞

いよいよ大学入試英語でも頻出となる第5文型です。

■ 第5文型の持つ意味

第5文型には意味が大きく2つあります。まずは1つ目。

知覚・心理などの動詞 **S V O C**　O＝Cだと思う／言う／感じる　など

例　I found the book easy.　私はその本が易しいとわかった。
　　S　V　　 O 　　C

例　I heard the birds singing.　私には鳥がさえずるのが聞こえた。
　　S　V　　 O 　　C

こちらはほぼそのままの訳になるので難しくないですね。問題は2つ目です。

因果関係 **S V O C**　Sが原因となってOがCする／Cになる
　　　　　　　　　　　　①OとCの間に主述関係

例　She conditioned her cat to follow her command.
　　S　　V　　　　 O　　　　　　C

---

conditionは名詞で「体調，調子」などの意味は有名ですが，動詞として見るのは初めてかもしれません。そこで，上記の因果関係の訳「**S**が原因となって**O**が**C**する／**C**になる」をもとに考えると「彼女が原因で飼いネコが彼女の命令に従うようになった ［→彼女は飼いネコを命令に従うようにしつけた］」となります。ペットに, 飼い主の言うことを聞くようにする行為を「しつけ」や「調教」と言いますね。このように，**O**→**C**の間にある主述関係から動詞の意味を予測することが可能です。

これらのような意味を持つ第5文型ではさらに大事なことがあります。それは**C**の位置にくる語句のカタチが複数あるため，**どの動詞がどのCのカタチをとるか**を正確に記憶する必要があるということです。**C**となる品詞は形容詞や名詞が原則ですが，それらと同じはたらきを持つ句（to *do*, *do*, *doing*, *done*）を**C**の位置に置くことができます。しかも，これらのどのカタチをとるかが**動詞によってあらかじめ決まっている**というのがポイントです。

1 O＝C（名詞または形容詞）の重要動詞　　学習ページ ▶ p.36

まずは基本中の基本である，**Cに名詞や形容詞をとる動詞**を見ていきます。これらの動詞は第5文型をとる動詞の中でも，最優先で覚えるべきものになります。

2 使役動詞・知覚動詞はCのカタチに注意　　学習ページ ▶ p.40

次に，有名どころの使役動詞・知覚動詞について見ていきます。

使役動詞「～させる」とCのカタチ ― Cは*do*か*done*

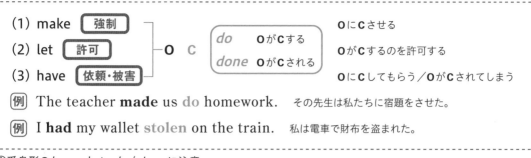

(1) make 強制 ─┐
(2) let 許可 ─┤─ O C
(3) have 依頼・被害 ─┘

do OがCする
done OがCされる

OにCさせる
OがCするのを許可する
OにCしてもらう／OがCされてしまう

例 The teacher **made** us **do** homework.　その先生は私たちに宿題をさせた。

例 I **had** my wallet **stolen** on the train.　私は電車で財布を盗まれた。

⚠受身形 **S** *be* made to *do* / *done* に注意。

例 We **were made to do** homework by the teacher.　私たちはその先生に宿題をさせられた。

知覚動詞「見る・聞く」とCのカタチ ― Cは*do*か*doing*か*done*

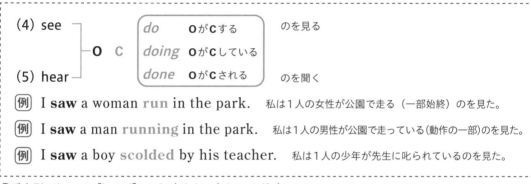

(4) see ─┐
─ O C
(5) hear ─┘

do OがCする
doing OがCしている
done OがCされる

のを見る

のを聞く

例 I **saw** a woman **run** in the park.　私は1人の女性が公園で走る（一部始終）のを見た。

例 I **saw** a man **running** in the park.　私は1人の男性が公園で走っている(動作の一部)のを見た。

例 I **saw** a boy **scolded** by his teacher.　私は1人の少年が先生に叱られているのを見た。

⚠受身形 **S** *be* seen[heard] to *do* / *doing* / *done* に注意。

例 The thief **was seen to enter** the building.　その泥棒は建物の中に入るのを見られた。

find / keep / leave とCのカタチ ― Cは*doing*か*done*

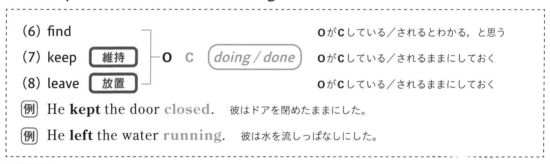

(6) find ─┐
(7) keep 維持 ─┤─ O C (*doing / done*)
(8) leave 放置 ─┘

OがCしている／されるとわかる，と思う
OがCしている／されるままにしておく
OがCしている／されるままにしておく

例 He **kept** the door **closed**.　彼はドアを閉めたままにした。

例 He **left** the water **running**.　彼は水を流しっぱなしにした。

3~5 SVO to *do* のカタチをとる動詞①②③　学習ページ▶ 3(p.44), 4(p.48), 5(p.52)

　最後に，**SVO** to *do* 型のカタチをとる動詞を3つの課で続けて学習します。**SVO** to *do* 型の動詞の意味を一般化すると「**SがVすることでOが*do*する方に向かう**」となります。不定詞のtoは前置詞のtoが起源で，その意味は「**～の方に向かう，向ける**」です。こうした背景から，**SVO** to *do* は「**Oが C することを望む／命じる／依頼する**」などの意味になります。（**SVO from *doing*** のカタチは逆の意味で，「**SがVすることでOが～することから離れる**」→「**Oが～することを認めない／拒む／妨げる／禁ずる**」などの意味になります。toとfromが逆の意味を持つことからこの意味の違いが生まれています。面白いですよね。（▶p.100）

Chapter 3

1 >>> O = C (名詞または形容詞)の重要動詞

英語の青色の部分の訳を下に書きましょう。
答えは 右ページ で確認しましょう。

「O = C (名詞または形容詞)と思う」のグループ

059 **think O (to be) C**
OをCだと思う
📎 活用 think-thought-thought

We think you (to be) very smart.

私たちは＿＿＿＿＿＿＿＿＿＿＿＿＿＿＿＿＿＿＿＿＿＿＿＿＿。

060 **believe O (to be) C**
OをCだと思う

The police believe the man (to be) dead.

警察は＿＿＿＿＿＿＿＿＿＿＿＿＿＿＿＿＿＿＿＿＿＿＿＿＿。

061 **consider O (to be) C**
OをCだと考える, みなす

She considers herself (to be) the cutest in her class.

彼女は＿＿＿＿＿＿＿＿＿＿＿＿＿＿＿＿＿＿＿＿＿＿＿＿＿。

「O = C (名詞または形容詞)にする」のグループ

062 **make O C**
OをCにする；させる

He made his son a doctor.

彼は＿＿＿＿＿＿＿＿＿＿＿＿＿＿＿＿＿＿＿＿＿＿＿＿＿。

063 **paint O C**
OをCに塗る

She painted the wall black.

彼女は＿＿＿＿＿＿＿＿＿＿＿＿＿＿＿＿＿＿＿＿＿＿＿＿＿。

064 **appoint O C**
OをCに指名する

The teammates appointed me team leader.

チームメイトは＿＿＿＿＿＿＿＿＿＿＿＿＿＿＿＿＿＿＿＿＿＿。

065 **elect O C**
OをCに選出する

The citizens elected him mayor.

市民は＿＿＿＿＿＿＿＿＿＿＿＿＿＿＿＿＿＿＿＿＿＿＿＿＿。

066 **name O C**
OをCと名付ける

She named her dog Shiro.

彼女は＿＿＿＿＿＿＿＿＿＿＿＿＿＿＿＿＿＿＿＿＿＿＿＿＿。

067 **call O C**
OをCと呼ぶ

He said, "Call me Fred."

彼は「＿＿＿＿＿＿＿＿＿＿＿＿＿＿＿＿＿＿＿＿」と言った。

ドリル **2** 1 **2** 3 4 （キソ）　次の日本語を英語にするとき，空所に適語を補いましょう。
答えは音声や 左ページ で確認しましょう。

□(1) 私たちは君がとてもかしこいと思う。

✎ We t_____ y_____ (to be) very s_____.

受動態：You are thought to be very smart.　　　こちらも Check! ▶ think：195, 307, 315

□(2) 警察はその男性が死亡していると考えている。

The police b_____ the m_____ (to be) d_____.

受動態：The man is believed (to be) dead by the police.

□(3) 彼女は自分自身がクラスで一番かわいいと考えている。

She c_____ h_____ (to be) the c_____ in her class.

受動態：こちらも Check! ▶ consider：107, 248

□(4) 彼は息子を医師にした。

He m_____ his s_____ a d_____.

受動態：His son was made (to be) a doctor by him.　　　こちらも Check! ▶ make：037, 068

□(5) 彼女はその壁を黒く塗った。

She p_____ the w_____ b_____.

受動態：The wall was painted black by her.

□(6) チームメイトは私をチームリーダーに指名した。

The teammates a_____ m_____ team l_____.

受動態：I was appointed team leader by the teammates.

□(7) 市民は彼を市長に選出した。

The citizens e_____ h_____ m_____.

受動態：He was elected mayor by the citizens.

□(8) 彼女は自分の犬をシロと名付けた。

She n_____ h_____ d_____ Shiro.

受動態：Her dog was named Shiro by her.

□(9) 彼は「僕をフレッドと呼んで」と言った。

He said, "C_____ m_____ F_____."

こちらも Check! ▶ call：176, 247

Hints!

本課のドリル3-4では，**SVOC** の受け身のカタチが出てきます。受動態の文は，能動態の文よりも O が 1 つ減る（能動態の文の **O** が **S** になるため）ので，もとが **SVOC** の文は，一見 **SVC** の文のような見かけになります。

I thought the book easy.　→　The book was thought (to be) easy (by me).
S V   O   C   S   V   C   M

☐ (1) He **thinks it likely** that he will pass the exam.

✎ 彼は自分が試験に受かる＿＿＿＿＿＿＿＿＿＿＿＿＿＿＿＿＿＿＿＿＿＿＿。

☐ (2) The billionaire **is believed to be guilty for the case**.

その大金持ちは＿＿＿＿＿＿＿＿＿＿＿＿＿＿＿＿＿＿＿＿＿＿＿＿＿＿＿＿。

✎ billionaire 名 億万長者，大金持ち／case 名 事件

☐ (3) I **consider it easy to tell** a British accent from an American one.

私はイギリス訛りをアメリカ訛りと＿＿＿＿＿＿＿＿＿＿＿＿＿＿＿＿＿＿＿。

✎ tell *A* from *B*　AをBと区別する／accent 名 訛り

☐ (4) Both daughters **were made (to be) lawyers by their father** against their will.

娘たちは2人とも，意志に反して，＿＿＿＿＿＿＿＿＿＿＿＿＿＿＿＿＿＿＿。

✎ against *one's* will　意志に反して（慣用句としてwillは単数形で使うことが多い）

☐ (5) As **our house is painted orange**, it stands out against a blue sky.

＿＿＿＿＿＿＿＿＿＿＿＿＿＿＿＿＿＿＿＿＿ので，青空を背景にすると目立つ。

✎ stand out　目立つ／against *A*　Aを背景に

☐ (6) Bob **was appointed manager** of the personnel department.

ボブは人事部の＿＿＿＿＿＿＿＿＿＿＿＿＿＿＿＿＿＿＿＿＿＿＿＿＿＿＿＿。

✎ appoint O Cの O を主語にした受動態の文です。／personnel department　人事部

☐ (7) She will be the first woman **to be elected Prime Minister of Japan**.

彼女は＿＿＿＿＿＿＿＿＿＿＿＿＿＿＿＿＿＿＿＿＿＿最初の女性になるだろう。

✎ elect O Cの O を主語にした受動態の文です。／Prime Minister　総理大臣

☐ (8) I **named my daughter Audrey** after a famous actress.

私は有名な女優にちなんで＿＿＿＿＿＿＿＿＿＿＿＿＿＿＿＿＿＿＿＿＿＿＿。

✎ Audrey 名 オードリー（女性のファーストネーム）／after *A*　Aにちなんで

☐ (9) People came to **call Henry Ford the father of the modern automobile**.

人々は＿＿＿＿＿＿＿＿＿＿＿＿＿＿＿＿＿＿＿＿＿＿＿＿ようになった。

✎ Henry Ford　アメリカの自動車会社フォード社の創始者／modern 形 現代の／automobile 名 自動車

ドリル 応用
1 2 3 ④ 日本語に合うように，英語を並べ替えて文を完成させましょう。
答えは音声や 左ページ で確認しましょう。

☐ (1) 彼は自分が試験に受かる可能性が高いと思っている。
(it / he / likely / thinks) that he will pass the exam.

文頭は
大文字！ ✎ _____

☐ (2) その大金持ちはその事件で有罪だと思われている。
The billionaire (the case / believed / is / to be / guilty for).

_____

☐ (3) 私はイギリス訛りをアメリカ訛りと区別することは容易だと考えている。
(it / I / to tell / consider / easy) a British accent from an American one.

_____

☐ (4) 娘たちは2人とも，意志に反して，彼女たちの父親によって弁護士にされた。
(were / to be / both daughters / made / lawyers) by their father against their will.

_____

☐ (5) 我が家はオレンジに塗られているので，青空を背景にすると目立つ。
As (orange / painted / our house / is), it stands out against a blue sky.

_____

☐ (6) ボブは人事部の部長に任命された。
Bob (manager / appointed / of / was) the personnel department.

_____

☐ (7) 彼女は日本の総理大臣に選ばれる最初の女性になるだろう。
She will be the first woman (Prime Minister / elected / to / be / of Japan).

_____

☐ (8) 私は有名な女優にちなんで娘をオードリーと名付けた。
I (named / Audrey / after / my daughter) a famous actress.

_____

☐ (9) 人々はヘンリー・フォードを現代自動車の父と呼ぶようになった。
People came to (the father of / call / Henry Ford / the modern automobile).

_____

2 >>> 使役動詞・知覚動詞はCのカタチに注意

ドリル **1** 2 3 4　英語の青色の部分の訳を下に書きましょう。
答えは 右ページ で確認しましょう。

使役動詞のSVOC → Cのカタチは *do* / *done* が原則

068 **make O** ①*do* / ②*done*　🖋強制
①Oに～させる　②Oが～された状態にする

What made **you** make such a mistake?　🖋英文は①です。

あなたは_____。

069 **let O** *do*　🖋活用 let-let-let　🖋許可
Oに～させてやる, Oが～するのを許可する

My parents let me study abroad.

両親は_____。

070 **have O** ①*do* / ②*done*
①Oに～してもらう　②Oを～されてしまう
🖋①は「依頼」, ②は「被害」。

I will have my son pick me up at the airport.
🖋英文は①です。

私は_____つもりだ。

知覚動詞のSVOC → Cのカタチは *do* / *doing* / *done* が原則

071 **see O** ①*do* / ②*doing* / ③*done*
Oが①～する／②～している／③～されるのが見える

I saw a girl singing on the street in Shibuya.
🖋英文は②です。

私は渋谷の路上で_____。

072 **observe O** ①*do* / ②*doing* / ③*done*
Oが①～する／②～している／③～されるのを見る, 観察する

I observed the bird lay an egg.　🖋英文は①です。

私は_____。

073 **watch O** ①*do* / ②*doing* / ③*done*
Oが①～する／②～している／③～されるのを見る

She carefully watched her children swimming.
🖋英文は②です。

彼女は_____。

074 **hear O** ①*do* / ②*doing* / ③*done*
Oが①～する／②～している／③～されるのが聞こえる

I heard him playing the violin.　🖋英文は②です。

私は, _____。

find / keep / leave 型 → Cのカタチは *doing* / *done* が原則

075 **find O** ①*doing* / ②*done*
Oが①～している／②～されたとわかる, 気づく

I found my son sleeping on the sofa.　🖋英文は①です。

私は_____。

076 **keep O** ①*doing* / ②*done*
Oが①～している／②～された状態にしておく

The police kept the man talking.　🖋英文は①です。

警察は_____。

077 **leave O** ①*doing* / ②*done*
Oが①～している／②～されたままにしておく

Don't leave the water running.　🖋英文は①です。

_____な。

次の日本語を英語にするとき，空所に適語を補いましょう。
答えは音声や〈左ページ〉で確認しましょう。

K068
〜
K077

☐ (1) あなたはなぜそのようなミスをしたのですか。

✎ What m_____ y_____ m_____ such a mistake?

Chapter

3

こちらもCheck! ▶ make：037，062

☐ (2) 両親は私に留学させてくれた。

My parents l_____ m_____ s_____ abroad.

☐ (3) 私は息子に，空港に迎えに来てもらうつもりだ。

I will h_____ my s_____ p_____ me up at the airport.

☐ (4) 私は渋谷の路上で少女が歌っているのを見た［→見かけた］。

I s_____ a g_____ s_____ on the street in Shibuya.

✎ see O *doing* の受動態 → A girl was seen singing on the street in Shibuya by me.
こちらもCheck! ▶ see：194

☐ (5) 私はその鳥が卵を1つ産むのを観察した。

I o_____ the bird l_____ an egg.

☐ (6) 彼女は自分の子どもたちが泳いでいるのを注意深く見ていた。

She carefully w_____ her c_____ s_____.

☐ (7) 私は，彼がヴァイオリンを弾いているのが聞こえた［→弾いているのを聞いた］。

I h_____ h_____ p_____ the violin.

☐ (8) 私は息子がソファで寝ているのに気づいた。

I f_____ my s_____ s_____ on the sofa.

こちらもCheck! ▶ find：035

☐ (9) 警察はその男性に話を続けさせた。

The police k_____ the m_____ t_____.

こちらもCheck! ▶ keep：008，206

☐ (10) 水を出しっぱなしにするな。

Don't lea_____ the w_____ r_____.

こちらもCheck! ▶ leave：045，114

英語の青色の部分の訳を下に書きましょう。
答えは 右ページ で確認しましょう。

☐ (1) While in Canada, I tried hard to **make myself understood in English**.

✎ カナダにいる間，私は一生懸命＿＿＿＿＿＿＿＿＿＿＿＿＿＿＿＿＿＿＿＿＿おうとした。

☐ (2) Please **let me know your address** if you want me to send it.

もしそれを私に送ってほしいならば，＿＿＿＿＿＿＿＿＿＿＿＿＿＿＿＿＿ください。

☐ (3) My mother **had her wallet stolen** on the last train.

私の母は終電で＿＿＿＿＿＿＿＿＿＿＿＿＿＿＿＿＿＿＿＿＿＿＿＿＿＿＿。

☐ (4) At the aquarium, I **saw many kinds of fish swimming**.

その水族館で，私は＿＿＿＿＿＿＿＿＿＿＿＿＿＿＿＿＿＿＿＿＿＿＿＿＿。

✎ aquarium 名 水族館

☐ (5) My son **observed Dr. Yellow passing through Hamamatsu Station**.

私の息子は＿＿＿＿＿＿＿＿＿＿＿＿＿＿＿＿＿＿＿＿＿＿＿＿＿＿＿＿＿。

✎ Dr. Yellow ドクターイエロー（新幹線の検測車）／pass through A Aを通り過ぎる

☐ (6) The spectators **watched the player make the winning hit**.

観客たちは＿＿＿＿＿＿＿＿＿＿＿＿＿＿＿＿＿＿＿＿＿＿＿＿＿＿＿＿＿。

✎ spectator 名 観客／winning hit 決勝打

☐ (7) **I often hear it said that** we should rely more on renewable energy.

私たちは再生可能エネルギーにもっと頼るべきだ＿＿＿＿＿＿＿＿＿＿＿＿。

✎ renewable energy 再生可能エネルギー

☐ (8) The children **found the presents hidden** behind the Christmas tree.

子どもたちはクリスマスツリーの後ろに＿＿＿＿＿＿＿＿＿＿＿＿＿＿＿＿＿。

☐ (9) **He kept the window closed** as it was cold outside.

外が寒かったので，＿＿＿＿＿＿＿＿＿＿＿＿＿＿＿＿＿＿＿＿＿＿＿＿＿。

☐ (10) The failures in the experiment **left us feeling hopeless and frustrated**.

その実験で失敗したことで，＿＿＿＿＿＿＿＿＿＿＿＿＿＿＿＿＿＿＿＿＿。

✎ hopeless 形 絶望的な／frustrated 形 いらだった
✎ 無生物主語の文。無生物主語が副詞的に訳されているので，usを「私たちは」として訳すとうまくいきます。

ドリル 応用 1 2 3 4 日本語に合うように，英語を並べ替えて文を完成させましょう。 答えは音声や 左ページ で確認しましょう。

Y068 〜 Y077

☐ **(1)** カナダにいる間，私は一生懸命英語で自分を理解してもらおうとした。

While in Canada, I tried hard to (make / in English / myself / understood).

文頭は
大文字！ ✎ _____

☐ **(2)** もしそれを私に送ってほしいならば，あなたの住所を私に教えてください。

Please (your address / me / let / know) if you want me to send it.

_____

☐ **(3)** 私の母は終電で財布を盗まれた。

My mother (had / stolen / wallet / her) on the last train.

_____

☐ **(4)** その水族館で，私はたくさんの種類の魚が泳いでいるのを見かけた。

At the aquarium, I (many kinds of / saw / swimming / fish).

_____

☐ **(5)** 私の息子はドクターイエローが浜松駅を通過する［していく］のを観察した。

My son (Dr. Yellow / passing through / observed) Hamamatsu Station.

_____

☐ **(6)** 観客たちはその選手が決勝打を決めるのを見た。

The spectators (the player / make / watched / the winning hit).

_____

☐ **(7)** 私たちは再生可能エネルギーにもっと頼るべきだと言われているのをよく聞く。

(I / it / said / often hear / that) we should rely more on renewable energy.

_____

☐ **(8)** 子どもたちはクリスマスツリーの後ろにプレゼントが隠されていることに気づいた。

(hidden / found / the presents / the children) behind the Christmas tree.

_____

☐ **(9)** 外が寒かったので，彼は窓を閉めたままにした。

(he / closed / kept / the window) as it was cold outside.

_____

☐ **(10)** その実験で失敗したことで，私たちは絶望してイライラした気持ちになった。

The failures in the experiment (left / hopeless and frustrated / feeling / us).

_____

3 ››› **SVO to *do* のカタチをとる動詞①**

ドリル 1 2 3 4 英語の青色の部分の訳を下に書きましょう。
答えは 右ページ で確認しましょう。

要注意のhelp

078 **help O (to) *do***
☐ Oが〜する手助けをする

That book helped me (to) find the solution.

あの本は＿＿＿＿＿＿＿＿＿＿＿＿＿＿＿＿＿＿＿＿＿＿＿＿＿＿＿。

使役系①【強制】「Oが〜することを強制する」のグループ

079 **force O to *do***
☐ Oが〜することを強制する

His financial situation forced him to leave school.

経済的な状況は＿＿＿＿＿＿＿＿＿＿＿＿＿＿＿＿＿＿＿＿＿＿＿。

080 **oblige O to *do***
☐ Oが〜することを義務づける

The law obliges us to pay taxes.

その法律は＿＿＿＿＿＿＿＿＿＿＿＿＿＿＿＿＿＿＿＿＿＿＿＿。

081 **compel O to *do***
☐ Oが〜することを強いる

The scandal compelled her to quit her job.

そのスキャンダルは＿＿＿＿＿＿＿＿＿＿＿＿＿＿＿＿＿＿＿＿。

「Oに〜するように言う・要求する」のグループ

082 **tell O to *do***
☐ Oに〜するよう言う

She told us to visit her office.

彼女は＿＿＿＿＿＿＿＿＿＿＿＿＿＿＿＿＿＿＿＿＿＿＿＿＿＿。

083 **order O to *do***
☐ Oに〜するよう命令する

He ordered me to finish the work soon.

彼は＿＿＿＿＿＿＿＿＿＿＿＿＿＿＿＿＿＿＿＿＿＿＿＿＿＿＿。

084 **direct O to *do***
☐ Oに〜するよう指示する

Her boss directed her to work harder.

彼女の上司は＿＿＿＿＿＿＿＿＿＿＿＿＿＿＿＿＿＿＿＿＿＿＿。

085 **require O to *do***
☐ Oに〜するよう要求する

My boss required me to write the report.

私の上司は＿＿＿＿＿＿＿＿＿＿＿＿＿＿＿＿＿＿＿＿＿＿＿＿。

086 **warn O to *do***
☐ Oに〜するよう警告する

He warned me not to enter the room.

彼は＿＿＿＿＿＿＿＿＿＿＿＿＿＿＿＿＿＿＿＿＿＿＿＿＿＿＿。

→ **3**-**4** に続きます。

ドリル
1**2**34 キソ　次の日本語を英語にするとき，空所に適語を補いましょう。
答えは音声や〈左ページ〉で確認しましょう。

K078
〜
K086

□ (1) あの本は私が解決策を見つける手助けをした［→私が解決策を見つけるのに役立った］。

✎ That book h＿＿＿＿＿ me (to) f＿＿＿＿＿ the solution.

こちらも Check! ▶ help : 126

□ (2) 経済的な状況は彼が退学することを強制した［→経済的な状況のせいで彼は退学せざるを得なかった］。

His financial situation f＿＿＿＿＿ him t＿＿＿＿＿ l＿＿＿＿＿ school.

□ (3) その法律は私たちが納税することを義務づけている。

The law o＿＿＿＿＿ u＿＿＿＿＿ to p＿＿＿＿＿ taxes.

強いた［→そのスキャンダルのせいで彼女は仕事を辞めざるを得なかった］。

n＿＿＿＿＿ to q＿＿＿＿＿ her job.

ねるよう言った。

to v＿＿＿＿＿ her office.

こちらも Check! ▶ tell : 028, 209, 294

よう命令した。

to f＿＿＿＿＿ the work soon.

命働くよう指示した。

to w＿＿＿＿＿ harder.

要求した。

t＿＿＿＿＿ write the report.

警告した。

n＿＿＿＿＿ to enter the room.

こちらも Check! ▶ warn : 129

□□は、…てゆく人だ。

Hints!

ここでは変わり者の help について見ていきましょう。help は help O C の C に ① do ／② to do をとります。C に do と to do どちらもとる動詞は help だけです。長文読解やリスニングでは help O do のカタチが出ても驚かないように，また英作文ではどちらのカタチも書けるようにしておきましょう。

☐ (1) The home tutor **helped her student understand chemistry well**.

✎ その家庭教師は_____。

🔖 home tutor　家庭教師

☐ (2) The need to work in the UK **forced me to improve my English proficiency**.

イギリスで働く必要性から，_____。

🔖 improve 動 O を改善する，向上させる／English proficiency　英語運用能力，英語力

☐ (3) The smokers in that country **are obliged by law to pay a cigarette tax**.

その国の喫煙者は，_____。

🔖 cigarette tax　たばこ税

☐ (4) The strong typhoon **compelled the singer to cancel his concert**.

強い台風により_____。

☐ (5) His coach **told him to practice much harder** to win the next match.

彼の監督は次の試合に勝つために，_____。

🔖 match 名 試合

☐ (6) The company president **ordered me to reduce the production costs**.

その会社の社長は_____。

🔖 production costs　生産コスト

☐ (7) Soldiers **are directed to treat the prisoners fairly**.

兵士は_____。

🔖 treat 動 O を扱う／prisoner 名 捕虜／fairly 副 公平に

☐ (8) Companies **are required to set** the temperature of the air conditioner at 28 degrees or above.

企業はエアコンの温度を28度以上に_____。

🔖 temperature 名 温度

☐ (9) Everyone **has been warned to wear a face mask** because of the pandemic.

世界的な流行病のために誰もが_____。

🔖 mask 名 マスク／pandemic 名 世界的な流行病

ドリル 4 応用 123

日本語に合うように，英語を並べ替えて文を完成させましょう。
答えは音声や 左ページ で確認しましょう。

Y078
〜
Y086

Chapter
3

□ (1) その家庭教師は生徒が化学を十分に理解できるよう手助けした。

The home tutor (understand / helped / her student / chemistry) well.

文頭は
大文字！

_____

□ (2) イギリスで働く必要性から，私は英語力を改善せざるを得なかった。

The need to work in the UK (forced / improve / to / me / my English proficiency).

_____

□ (3) その国の喫煙者は，法律によりたばこ税を支払うことを義務づけられている。

The smokers in that country (pay / are / obliged / by law / to) a cigarette tax.

_____

□ (4) 強い台風によりその歌手はコンサートを中止せざるを得なかった。

The strong typhoon (his concert / the singer / to / cancel / compelled).

_____

□ (5) 彼の監督は次の試合に勝つために，彼にもっと一生懸命練習するよう言った。

His coach (practice / told / to / much harder / him) to win the next match.

_____

□ (6) その会社の社長は私に生産コストを減らすように命じた。

The company president (the production costs / ordered / reduce / to / me).

_____

□ (7) 兵士は捕虜を公平に扱うよう指示されている。

Soldiers (to / treat / are / directed / the prisoners) fairly.

_____

□ (8) 企業はエアコンの温度を28度以上に設定するよう要請されている。

(set / are / companies / to / required) the temperature of the air
conditioner at 28 degrees or above.

_____

□ (9) 世界的な流行病のために誰もがマスクを着用するよう警告されている。

Everyone (a face mask / to / warned / wear / has been) because of the pandemic.

_____

4 ››› SVO to *do* のカタチをとる動詞②

ドリル **1** 2 3 4 キソ

英語の青色の部分の訳を下に書きましょう。
答えは 右ページ で確認しましょう。

→ **3**-**3**の続きです。

087 **request O to *do***
☐ Oに〜するよう依頼する

She requested him to explain his plan.

彼女は_____。

088 **ask O to *do***
☐ Oに〜するよう頼む

I asked him to lend me a book.

私は_____。

使役系②【許可】「Oが〜することを許す／可能にする」のグループ

089 **allow O to *do***
☐ Oが〜することを許可する

My parents didn't allow me to date him.

私の両親は_____。

090 **permit O to *do***
☐ Oが〜することを許可する

My father didn't permit me to go out.

私の父は_____。

091 **enable O to *do***
☐ Oが〜することを可能にする

The scholarship enabled him to graduate.

その奨学金が, _____。

使役系③「Oに〜してもらう／Oが〜された状態にする」のget

092 **get O ①to *do*/②*done***
☐ ①Oに〜してもらう
②Oが〜された状態にする

I will get her to make a reservation.   ✎ 英文は①です。

私は_____つもりだ。

「Oに〜するように望む」のグループ

093 **want O to *do***
☐ Oに〜してほしい

She wants him to help her.

彼女は_____。

094 **would like O to *do***
☐ Oに〜してほしい

We would like you to enjoy our performance.

私たちは_____。

095 **desire O to *do***
☐ Oが〜することを望む

Her father desired her to be a doctor.

彼女の父親は_____。

→ **3**-**5**に続きます。

□ (1) 彼女は彼に計画を説明するよう依頼した。

✎ She r＿＿＿＿＿＿ h＿＿＿＿＿＿ to e＿＿＿＿＿＿ his plan.

Chapter
3

□ (2) 私は彼に本を貸してくれるよう頼んだ。

I a＿＿＿＿＿＿ him t＿＿＿＿＿＿ l＿＿＿＿＿＿ me a book.

こちらもCheck! ▶ ask：039

□ (3) 私の両親は私が彼とデートすることを許さなかった。

My parents didn't a＿＿＿＿＿＿ m＿＿＿＿＿＿ t＿＿＿＿＿＿ date him.

こちらもCheck! ▶ allow：040

□ (4) 私の父は私が出かけることを許さなかった。

My father didn't p＿＿＿＿＿＿ m＿＿＿＿＿＿ to g＿＿＿＿＿＿ out.

□ (5) その奨学金が，彼が卒業するのを可能にした ［→奨学金のおかげで彼は卒業できた］。

The scholarship e＿＿＿＿＿＿ h＿＿＿＿＿＿ to g＿＿＿＿＿＿.

□ (6) 私は彼女に予約をしてもらうつもりだ。

I will g＿＿＿＿＿＿ her t＿＿＿＿＿＿ m＿＿＿＿＿＿ a reservation.

こちらもCheck! ▶ get：002, 036

□ (7) 彼女は彼に手伝ってほしい。

She w＿＿＿＿＿＿ him t＿＿＿＿＿＿ h＿＿＿＿＿＿ her.

□ (8) 私たちはあなたに公演を楽しんでいただきたいです。

We w＿＿＿＿＿＿ l＿＿＿＿＿＿ y＿＿＿＿＿＿ to enjoy our performance.

□ (9) 彼女の父親は彼女が医師になることを望んだ。

Her father d＿＿＿＿＿＿ her t＿＿＿＿＿＿ be a doctor.

Hints!

SVO to *do* はtoの持つ「行き先・進行方向」のイメージから，「**O**が〜することを求める，命じる，望む，強制する，許す」などの積極的な意味を持つ動詞と結びつきやすいと考えると理解しやすいですね。

☐ **(1)** You **are requested to wear a suit** at the fancy restaurant.

✎ その高級レストランでは＿＿＿＿＿＿＿＿＿＿＿＿＿＿＿＿＿＿＿＿＿＿＿＿＿。

✎ fancy 形 高級な

☐ **(2)** I **was asked by the manager to help him with the research**.

私は＿＿＿＿＿＿＿＿＿＿＿＿＿＿＿＿＿＿＿＿＿＿＿＿＿＿＿＿＿＿＿＿＿。

✎ manager 名 部長, 管理者

☐ **(3)** You **aren't allowed to smoke on this train**, except in the designated smoking rooms.

所定の喫煙ルームを除き, ＿＿＿＿＿＿＿＿＿＿＿＿＿＿＿＿＿＿＿＿＿＿＿。

✎ designate 動 O を特別の用途に指定する（designated は過去分詞）

☐ **(4)** Only a few members **are permitted to update this file**.

数人のメンバーだけが＿＿＿＿＿＿＿＿＿＿＿＿＿＿＿＿＿＿＿＿＿＿＿＿。

✎ update 動 O を更新する

☐ **(5)** Cathy's advice **enabled me to get a good grade on the test**.

キャシーの助言のおかげで, ＿＿＿＿＿＿＿＿＿＿＿＿＿＿＿＿＿＿＿＿＿＿。

✎ grade 名 点数, 成績

☐ **(6)** The rescue team **could not get the car engine started in the storm**.

レスキュー隊は＿＿＿＿＿＿＿＿＿＿＿＿＿＿＿＿＿＿＿＿＿＿＿＿＿＿＿。

☐ **(7)** The customer **wanted the cake to be delivered on Christmas day**.

その客は＿＿＿＿＿＿＿＿＿＿＿＿＿＿＿＿＿＿＿＿＿＿＿＿＿＿＿＿＿＿。

✎ deliver 動 O を届ける, 配達する

☐ **(8)** I **would like him to study hard to realize his dream**.

私は＿＿＿＿＿＿＿＿＿＿＿＿＿＿＿＿＿＿＿＿＿＿＿＿＿＿＿＿＿＿＿＿。

✎ realize 動 O を実現する

☐ **(9)** The princess **desired her future husband to survive the battle**.

その姫は＿＿＿＿＿＿＿＿＿＿＿＿＿＿＿＿＿＿＿＿＿＿＿＿＿＿＿＿＿＿。

✎ survive 動 O を生き延びる／battle 名 戦闘

日本語に合うように，英語を並べ替えて文を完成させましょう。
答えは音声や <u>左ページ</u> で確認しましょう。

Y087 〜 Y095

☐ **(1)** その高級レストランでは**スーツを着用すること**が求められている。

You (a suit / wear / are / requested / to) at the fancy restaurant.

文頭は
大文字！ ✎ _____

☐ **(2)** 私は**部長に彼のその調査を手伝うよう**頼まれた。

I (by the manager / was / to / help / asked / him) with the research.

_____

☐ **(3)** 所定の喫煙ルームを除き，この列車内では**禁煙**です。

You (smoke / aren't / to / allowed / on this train), except in the designated smoking rooms.

_____

☐ **(4)** 数人のメンバーだけが**このファイルを更新すること**を許可されている。

Only a few members (to / permitted / this file / are / update).

_____

☐ **(5)** キャシーの助言のおかげで，**私は試験でよい点をとること**ができた。

Cathy's advice (a good grade / to / get / enabled / me) on the test.

_____

☐ **(6)** レスキュー隊は嵐の中で**車のエンジンを始動させること**ができなかった。

The rescue team (could not / started / the car engine / get) in the storm.

_____

☐ **(7)** その客は**クリスマス当日にケーキを届けてほしがった**。

(the customer / the cake / delivered / wanted / to / be) on Christmas day.

_____

☐ **(8)** 私は**彼に，夢を実現するために一生懸命勉強してほしい**。

(study / I / him / would like / to / hard) to realize his dream.

_____

☐ **(9)** その姫は**彼女の将来の夫がその戦闘を生き延びること**を望んだ。

The princess (survive / desired / to / her future husband) the battle.

_____

5 ››› SVO to *do* のカタチをとる動詞③

ドリル **1** 2 3 4　英語の青色の部分の訳を下に書きましょう。
答えは 右ページ で確認しましょう。

→ ❸-**4**の続きです。

096 **expect O to *do***
☐ Oが〜することを期待する，予期する

I expect you to call me soon.

私は_____。

「Oに〜するように助言する・勧める」のグループ

097 **advise O to *do***
☐ Oが [Oに] 〜するよう助言する

He advised me to take a rest.

彼は_____。

098 **encourage O to *do***
☐ Oに〜することを奨励する，Oが〜するよう促す

He encouraged me to buy the computer.

彼は_____。

099 **persuade O to *do***
☐ Oが [Oに] 〜するよう説得する

I persuaded her to let me play the game.

私は_____。

100 **urge O to *do***
☐ Oが [Oに] 〜するよう催促する，説得する

She urged me to give it back.

彼女は_____。

その他の重要動詞

101 **remind O to *do***
☐ Oに〜するのを思い出させる

His note reminded me to do that first.

彼のメモが_____。

102 **cause O to *do***
☐ Oが〜する原因となる，Oに〜させる

The traffic accident caused her to be late.

その交通事故は，_____。

103 **invite O to *do***
☐ Oに〜するよう誘う

They invited me to have dinner with them.

彼らは_____。

104 **lead O to *do***
☐ Oが〜するよう仕向ける
　　🔖 活用 lead-led-led

What led you to do such a thing?

何が_____。

ドリル
1 2 3 4 (キソ) 次の日本語を英語にするとき，空所に適語を補いましょう。
答えは音声や 左ページ で確認しましょう。

K096
〜
K104

☐ **(1)** 私はあなたがすぐに電話してくれることを期待しています。

🖊 I e_____ y_____ to c_____ me soon.

こちらも Check! ▶ expect : 308

☐ **(2)** 彼は私に休みをとるよう助言した。

He a_____ m_____ t_____ take a rest.

☐ **(3)** 彼は私がそのコンピュータを買うよう促した。

He e_____ m_____ to b_____ the computer.

☐ **(4)** 私は彼女にそのゲームをさせてくれるよう説得した。

I p_____ h_____ to l_____ me play the game.

こちらも Check! ▶ persuade : 125

☐ **(5)** 彼女は私がそれを戻すよう催促した。

She u_____ m_____ to gi_____ it back.

☐ **(6)** 彼のメモが私にまず [先に] それをするのを思い出させた [→彼のメモで私はまずそれをするのを思い出した]。

His note r_____ m_____ to d_____ that first.

こちらも Check! ▶ remind : 127

☐ **(7)** その交通事故は，彼女が遅れた原因となった [→交通事故があったので彼女は遅れた]。

The traffic accident c_____ h_____ to be l_____.

こちらも Check! ▶ cause : 041

☐ **(8)** 彼らは私に（彼らと）一緒に夕食をとるように誘った。

They i_____ m_____ to have d_____ with them.

☐ **(9)** 何があなたをそんなことをするよう仕向けたのですか [→なぜあなたはそんなことをしたのですか]。

What l_____ y_____ to d_____ such a thing?

こちらも Check! ▶ lead : 178

Hints!

SVO to *do* と対になる表現があります。それは **SVO** from *doing* です。to（→）と from（←）はお互いに逆向きの方向を表す前置詞ですね。**SVO** from *doing* は，前置詞 from の「離れる」というイメージから，「**O** が〜するのを妨げる，禁じる，区別する」といった，**SVO** to *do* とは対照的な意味になります。

Chapter
3

☐ **(1)** The next strike **is expected to be carried out on Sunday**.

✎ 次のストライキは＿＿＿＿＿＿＿＿＿＿＿＿＿＿＿＿＿＿＿＿＿＿＿＿＿＿＿。

✎ strike 名 ストライキ／carry out A　Aを実行する

☐ **(2)** The doctor **advised his patient to give up drinking**.

その医師は＿＿＿＿＿＿＿＿＿＿＿＿＿＿＿＿＿＿＿＿＿＿＿＿＿＿＿＿＿＿。

✎ drink 動 (自動詞で)酒を飲む

☐ **(3)** You **are encouraged to pass the national examination** before you graduate.

卒業前に，＿＿＿＿＿＿＿＿＿＿＿＿＿＿＿＿＿＿＿＿＿＿＿＿＿＿＿＿＿。

✎ national examination　国家試験

☐ **(4)** The student council **persuaded the school to do away with the uniform**.

生徒会は＿＿＿＿＿＿＿＿＿＿＿＿＿＿＿＿＿＿＿＿＿＿＿＿＿＿＿＿＿＿。

✎ the student council　生徒会，学生自治会／do away with A　Aを廃止する

☐ **(5)** It was not his parents but his teacher who **urged Max to study**.

＿＿＿＿＿＿＿＿＿＿＿＿＿＿＿＿＿＿＿＿＿のは，彼の両親ではなく，先生だった。

☐ **(6)** How many times do I have to **remind you to clean up your room**?

何回＿＿＿＿＿＿＿＿＿＿＿＿＿＿＿＿＿＿＿＿＿＿＿＿＿＿ないといけないの。

☐ **(7)** Bad weather **caused the public transportation to be delayed**.

悪天候のために＿＿＿＿＿＿＿＿＿＿＿＿＿＿＿＿＿＿＿＿＿＿＿＿＿＿＿。

✎ public transportation　公共交通機関

☐ **(8)** He **invited me to enjoy the cherry blossoms with him**.

彼は＿＿＿＿＿＿＿＿＿＿＿＿＿＿＿＿＿＿＿＿＿＿＿＿＿＿＿＿＿＿＿＿。

✎ cherry blossom　桜の花 → enjoy the cherry blossomsで「花見を楽しむ」

☐ **(9)** My teacher's words **led me to major in psychology**.

私の先生の言葉によって＿＿＿＿＿＿＿＿＿＿＿＿＿＿＿＿＿＿＿＿＿＿＿＿。

✎ major in A　Aを専攻する／psychology 名 心理学

□ **(1)** 次のストライキは日曜日に行われることが予想されている。

The next strike (is / be / expected / carried out / to) on Sunday.

文頭は
大文字！

_____

□ **(2)** その医師は患者に飲酒をやめるよう助言した。

The doctor (to / give up / advised / his patient) drinking.

_____

□ **(3)** 卒業前に，その国家試験に合格することをおすすめします。

You are (pass / to / encouraged / the national examination) before you graduate.

_____

□ **(4)** 生徒会は制服を廃止するよう学校を説得した。

The student council (persuaded / do away with / to / the school) the uniform.

_____

□ **(5)** マックスに勉強をするよう説得したのは，彼の両親ではなく，先生だった。

It was not his parents but his teacher who (Max / urged / study / to).

_____

□ **(6)** 何回（あなたに）部屋を掃除するように言わない［思い出させない］といけないの。

How many times do I have to (your room / remind / clean up / you / to)?

_____

□ **(7)** 悪天候のために公共交通機関は遅れた。

Bad weather (the public transportation / to / caused / be / delayed).

_____

□ **(8)** 彼は私に（彼と）一緒に花見を楽しもうと誘った。

He (to / me / invited / enjoy) the cherry blossoms with him.

_____

□ **(9)** 私の先生の言葉によって私は心理学を専攻することになった。

My teacher's words (me / major in / led / to) psychology.

_____

まちがえやすい！重要動詞

この章では文型がSVかSVOか，または日本語と英語の言語的相違の観点から，入試でよく問われてなおかつ誤って覚えてしまいがちな動詞をまとめて学習します。自動詞と他動詞に関するもの，SVOのOに何をとるか，日本語と英語の態，進行形をとれるかに注目してまとめています。

1 まちがえやすい自動詞と他動詞①　　学習ページ ▶ p.58

まず，自動詞と他動詞についてさらっと復習しておきましょう。

自動詞　直後に直接目的語（＝名詞）をとれない**動詞**。名詞を続けるには前置詞が必要。

他動詞　直後に直接目的語を置くことのできる**動詞**。**直後に名詞を続ける際には**前置詞は不要。

自動詞なのか他動詞なのか（両方で使えるものもあります）は，あらかじめ動詞によって決まっています。本課では，「**自動詞っぽいけど実は他動詞**」の動詞群を扱います。有名どころはmarryやenterですね。例えばmarryは「**O**と結婚する」という意味だから，marry with **O**としたいところですが，これは間違いです。marryという動詞自体が「**O**と結婚する」の「と」を含んでいるので，marry **O**となるのが正解です。基本事項ではありますが，まちがえることが多々あるので気をつけてくださいね。

例 I will **marry you**.　　私はあなたと結婚します。

2 まちがえやすい自動詞と他動詞②　　学習ページ ▶ p.62

この課では第1課とは反対に，「**他動詞っぽいけど実は自動詞**」の動詞群を扱います。有名どころはapologizeです。**apologize to A（人）for B（理由）**で「AにBのことで謝る」ですが，to Aのtoを落として使ってしまう人がかなり多いです。この課で取り上げる動詞は，どの動詞が**どの前置詞と結びつくのか**をしっかりと整理して覚えていきましょう。

例 I **apologized to her** for what I said.　　私は彼女に自分が言ったことについて謝った。

3 Oに「人」がくる動詞／「人」がこない動詞　など　　学習ページ ▶ p.66

次は目的語に制限のある動詞を学習します。例えば，「感謝する」に対応する英語はthankとappreciateがありますが，前者は**人**を目的語にとるのに対し，後者は**行為**を目的語にとります。動詞ごとに，**何を目的語にとるか**を意識しましょう。

例 Thank you.　あなたに感謝します〔→ありがとう〕。

例 I appreciate your help.　あなたの手助けに感謝します。

4　日本語と英語で「する／される」が異なる動詞 学習ページ ▶ p.70

　次は，日本語と英語で態の感覚がズレる動詞を扱います。代表的なものとしては**consist of A** や **take place** がありますね。それぞれ「Aで構成<u>されている</u>」「<u>行われる</u>」のように日本語では受動態っぽいのに英語では能動態で表すので要注意です。逆に，日本語では能動態っぽいのに，英語では受動態で表すものもあります。例えば，「～する資格がある」は *be* entitled to *do* と受動態で表します。これらの表現はややこしいですがしっかりと整理して使えるようにしましょう！

5　原則として進行形をとれない動詞 学習ページ ▶ p.74

　最後は，時制に着目して，原則として進行形をとれない動詞を学びます。

　そもそも「進行形」って何かわかっていますか？　進行形は *be doing* のカタチで，ある限られた範囲に**動作が継続**していることを表して「**～している**」と訳すのでしたね。別の言い方をするなら，進行形の正体は「**動作動詞の状態動詞化**」（「～する」に「ている」を付加する）と考えることもできます。

　① 動作動詞…具体的な動作や行為を表す　例 run / read / move
　　 状態動詞…ずっと継続している様子や状態を表す　例 be / know / have

　これをもとに swim という動作動詞の例を考えてみましょう。

---
swim「泳ぐ」 　動作動詞

　　be swimm*ing*　　泳いで<u>いる</u>　　① *be -ing* を付けることで状態動詞化された。

　こうすることで，「泳ぐ」という動作動詞を**「泳いでいる」**という**カタチ**で使うことができました。ですから，*be -ing* は**「～ている」**に相当することがわかりますね。

　では，同じことを know という状態動詞でやってみましょう。

---
know「知っている」 　状態動詞

　　✕ *be* know*ing*　　知っている<u>ている</u>　　①「ている」が重複している。

　状態動詞はその名のとおり，**もともと「～ている」という意味を持っている**ので，*be -ing*「**～ている**」を付ける必要がないですし，付けたら意味が重複してしまうので進行形にできないのです。このように考えると，「この動詞は進行形にできるか？」の予測がしやすくなりますね。もちろん，必ず辞書で確認してくださいね。

1 ››› まちがえやすい自動詞と他動詞①

ドリル **1** 2 3 4
キソ
英語の青色の部分の訳を下に書きましょう。
答えは 右ページ で確認しましょう。

自動詞っぽいけど実は他動詞！のグループ

105	**marry O** Oと結婚する	I married him **yesterday**. 私は昨日＿＿＿＿＿＿＿＿＿＿＿＿＿＿＿＿＿＿＿＿＿＿＿。
106	**discuss O** Oについて議論する discuss A = talk about A	We discussed the problem. 私たちは＿＿＿＿＿＿＿＿＿＿＿＿＿＿＿＿＿＿＿＿＿。
107	**consider O** Oを考慮する，Oについて検討する	She is considering the matter seriously. 彼女は＿＿＿＿＿＿＿＿＿＿＿＿＿＿＿＿＿＿＿＿＿。
108	**mention O** Oについて言及する	He mentioned the accident. 彼は＿＿＿＿＿＿＿＿＿＿＿＿＿＿＿＿＿＿＿＿＿＿。
109	**oppose O** Oに反対する	She opposes our plan. 彼女は＿＿＿＿＿＿＿＿＿＿＿＿＿＿＿＿＿＿＿＿＿。
110	**obey O** Oに従う	We must obey the rule. 私たちは＿＿＿＿＿＿＿＿＿＿＿＿＿＿＿＿＿＿＿＿。
111	**enter O** Oに入る	He entered the building. 彼は＿＿＿＿＿＿＿＿＿＿＿＿＿＿＿＿＿＿＿＿＿＿。
112	**reach O** Oに到着する，（結論など）に達する	They finally reached their destination. 彼らはついに＿＿＿＿＿＿＿＿＿＿＿＿＿＿＿＿＿。
113	**approach O** Oに近づく	The plane is approaching the airport. その飛行機は＿＿＿＿＿＿＿＿＿＿＿＿＿＿＿＿＿。
114	**leave A (for B)** （Bに向けて）Aを出発する／去る Aは目的語Oに当たります。	She left Japan for the US. 彼女は＿＿＿＿＿＿＿＿＿＿＿＿＿＿＿＿＿＿＿＿＿。

→ **4-2** に続きます。

次の日本語を英語にするとき，空所に適語を補いましょう。
答えは音声や 左ページ で確認しましょう。

K105
〜
K114

□(1) 私は昨日彼と結婚した。

I m＿＿＿＿＿＿＿ h＿＿＿＿＿＿＿ yesterday.

□(2) 私たちはその問題について議論した。

We d＿＿＿＿＿＿ the p＿＿＿＿＿＿.

□(3) 彼女はその問題について真剣に検討している。

She is c＿＿＿＿＿ the m＿＿＿＿＿ seriously.

こちらも Check! ▶ consider：061，248

□(4) 彼はその事故について言及した。

He m＿＿＿＿＿ the a＿＿＿＿＿.

こちらも Check! ▶ mention：053

□(5) 彼女は私たちの計画に反対している。

She o＿＿＿＿＿ our pl＿＿＿＿＿.

□(6) 私たちはその規則に従わなくてはならない。

We must o＿＿＿＿＿ the ru＿＿＿＿＿.

□(7) 彼はその建物に入った。

He e＿＿＿＿＿ the b＿＿＿＿＿.

□(8) 彼らはついに彼らの目的地に着いた。

They finally r＿＿＿＿＿ their d＿＿＿＿＿.

□(9) その飛行機はその空港に近づいている。

The plane is a＿＿＿＿＿ the a＿＿＿＿＿.

□(10) 彼女はアメリカ合衆国に向けて日本を出発した。

She l＿＿＿＿＿ J＿＿＿＿＿ for the US.

こちらも Check! ▶ leave：045，077

英語の青色の部分の訳を下に書きましょう。

答えは 右ページ で確認しましょう。

☐ (1) The woman **married the businessman for his fortune**.

✎ その女性は_____。

✎ fortune 名 財産

☐ (2) We **have been discussing how to deal with the problem** for years.

私たちは長年_____。

✎ deal with *A* Aを扱う／for years 長年，何年も

☐ (3) You **should carefully consider which phone to buy**.

あなたは_____。

☐ (4) The company **mentioned nothing about** the carbon neutral policy.

その会社はカーボン・ニュートラル政策_____。

✎ carbon neutral カーボン・ニュートラル(温室効果ガスの排出ゼロ)

☐ (5) Most of the people in the club **opposed the coach's practice schedule**.

部員のほとんどは_____。

☐ (6) When you drive, you should **obey the speed limit**.

車を運転するときは，_____なくてはならない。

✎ speed limit 速度制限

☐ (7) They **entered the country illegally** by crossing the river.

彼らはその川を渡ることで，_____。

✎ illegally 副 違法に

☐ (8) We **reached the conclusion that** we should accept more foreign workers.

私たちはもっと多くの外国人労働者を受け入れるべきだ_____。

☐ (9) A very powerful typhoon **is approaching the Kyushu region**.

非常に強い台風が_____。

✎ region 名 地方

☐ (10) The limited express **leaves Tokyo for the tourist destination at noon**.

その特急は_____。

✎ limited express 特急(列車)／tourist destination 観光地

日本語に合うように，英語を並べ替えて文を完成させましょう。
答えは音声や 左ページ で確認しましょう。

Y105
〜
Y114

☐ (1) その女性は彼の財産目当てでその実業家と結婚した。

The woman (married / for / his fortune / the businessman).

文頭は
大文字！
_____

☐ (2) 私たちは長年その問題をどう処理するか話し合っている。

We (how to deal with / been / have / the problem / discussing) for years.

_____

☐ (3) あなたはどちらの電話を買うべきか慎重に検討するべきだ。

You (carefully consider / which phone / should / to buy).

_____

☐ (4) その会社はカーボン・ニュートラル政策について何も言わなかった。

The company (mentioned / about / nothing) the carbon neutral policy.

_____

☐ (5) 部員のほとんどはコーチの練習スケジュールに反対した。

Most of the people in the club (practice schedule / the coach's / opposed).

_____

☐ (6) 車を運転するときは，速度制限に従わなくてはならない。

When you drive, you should (limit / obey / speed / the).

_____

☐ (7) 彼らはその川を渡ることで，その国に不法入国した。

They (entered / the country / crossing / illegally by) the river.

_____

☐ (8) 私たちはもっと多くの外国人労働者を受け入れるべきだという結論に達した。

(reached / we / the conclusion / that) we should accept more foreign workers.

_____

☐ (9) 非常に強い台風が九州地方に接近している。

A very (the Kyushu region / is / powerful typhoon / approaching).

_____

☐ (10) その特急は正午にその観光地に向けて東京を出発する。

The limited express (Tokyo / the tourist destination / leaves / for / at) noon.

_____

Chapter
4

2 ››› まちがえやすい自動詞と他動詞②

ドリル 1 2 3 4

英語の青色の部分の訳を下に書きましょう。
答えは 右ページ で確認しましょう。

→ 4 - 1 の続きです。

| 115 | **survive O**
Oを生き延びる | They survived the war.
彼らは＿＿＿＿＿＿＿＿＿＿＿＿＿＿＿＿＿＿＿＿＿＿＿。 |

| 116 | **stand O**
Oを我慢する
📎活用 stand-stood-stood | I can't stand the noise.
私は＿＿＿＿＿＿＿＿＿＿＿＿＿＿＿＿＿＿＿＿＿＿＿。 |

| 117 | **answer O**
Oに答える，応答する | She answered my phone call at once.
彼女はすぐに＿＿＿＿＿＿＿＿＿＿＿＿＿＿＿＿＿＿＿。 |

他動詞っぽいけど実は自動詞！のグループ

| 118 | **apologize to A for B**
AにBのことで謝る | He apologized to me for being late.
彼は＿＿＿＿＿＿＿＿＿＿＿＿＿＿＿＿＿＿＿＿＿＿。 |

| 119 | **reply to A**
Aに返事をする，応じる | I replied to his email this morning.
私は今朝＿＿＿＿＿＿＿＿＿＿＿＿＿＿＿＿＿＿＿＿。 |

| 120 | **complain about A**
Aについて文句を言う | They are complaining about your attitude.
彼らは＿＿＿＿＿＿＿＿＿＿＿＿＿＿＿＿＿＿＿＿＿。 |

| 121 | **graduate from A**
Aを卒業する | She graduated from that university.
彼女は＿＿＿＿＿＿＿＿＿＿＿＿＿＿＿＿＿＿＿＿＿。 |

| 122 | **start from A for B**
Bに向けてAを出発する | We will start from Kyoto for Sendai tomorrow.
私たちは明日＿＿＿＿＿＿＿＿＿＿＿＿＿＿＿つもりだ。 |

| 123 | **succeed in A**
Aに成功する | She succeeded in getting the ticket.
彼女は＿＿＿＿＿＿＿＿＿＿＿＿＿＿＿＿＿＿＿＿＿。 |

ドリル 2 1 3 4　次の日本語を英語にするとき，空所に適語を補いましょう。
答えは音声や 左ページ で確認しましょう。

K115
〜
K123

☐ (1) 彼らはその戦争を生き延びた。

✎ They s＿＿＿＿＿ the w＿＿＿＿＿ .

☐ (2) 私はその騒音を我慢できない。

I can't s＿＿＿＿＿ the n＿＿＿＿＿ .

こちらもCheck! ▶ stand：159，177

Chapter
4

☐ (3) 彼女はすぐに私の電話に出た。

She a＿＿＿＿＿ my p＿＿＿＿＿ c＿＿＿＿＿ at once.

☐ (4) 彼は私に遅刻したことを謝った。

He a＿＿＿＿＿ t＿＿＿＿＿ me f＿＿＿＿＿ being late.

☐ (5) 私は今朝彼のEメールに返信した。

I rep＿＿＿＿＿ t＿＿＿＿＿ his e＿＿＿＿＿ this morning.

☐ (6) 彼らはあなたの態度に文句を言っている。

They are c＿＿＿＿＿ a＿＿＿＿＿ your attitude.

☐ (7) 彼女はその大学を卒業した。

She g＿＿＿＿＿ f＿＿＿＿＿ that university.

☐ (8) 私たちは明日仙台に向けて京都を出発するつもりだ。

We will s＿＿＿＿＿ f＿＿＿＿＿ Kyoto f＿＿＿＿＿ Sendai tomorrow.

☐ (9) 彼女はそのチケットを入手することに成功した。

She s＿＿＿＿＿ i＿＿＿＿＿ getting the ticket.

Hints!

「自動詞と他動詞」は文法問題でも英作文でもミスの多い，要注意項目です。
第1課105のmarryはmarry A（このAは目的語Oに当たります）のカタチで「Aと結婚する」ですが，これ
を受け身にしてA be married (to B)「Aは（Bと）結婚している［Aは既婚者だ］」という使い方もあります。

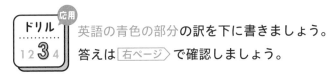
英語の青色の部分の訳を下に書きましょう。

答えは 右ページ で確認しましょう。

☐ (1) **We cannot survive natural disasters** if we do nothing now.

✎ 今何もしなければ, ＿＿＿＿＿＿＿＿＿＿＿＿＿＿＿＿＿＿＿＿＿＿＿＿＿＿＿＿ 。

✎ natural disaster　自然災害

☐ (2) I **can't stand the fact** that such a person is working as a Diet member.

私はそんな人が国会議員として働いているという ＿＿＿＿＿＿＿＿＿＿＿＿＿＿＿ 。

✎ a Diet member　国会議員(the Diet　国会, 議会)

☐ (3) No one in the class **could answer the difficult question**.

クラスの誰も ＿＿＿＿＿＿＿＿＿＿＿＿＿＿＿＿＿＿＿＿＿＿＿＿＿＿＿ なかった。

☐ (4) The neighbors will not **apologize to me for insulting my wife**.

隣人たちはどうしても ＿＿＿＿＿＿＿＿＿＿＿＿＿＿＿＿＿＿＿＿＿＿＿ としない。

✎ neighbor 名 近所の人／will not do　どうしても〜しようとしない／insult 動 O を侮辱する

☐ (5) I **replied to a questionnaire regarding** our present working environment.

私は現在の労働環境 ＿＿＿＿＿＿＿＿＿＿＿＿＿＿＿＿＿＿＿＿＿＿＿＿＿ 。

✎ questionnaire 名 アンケート／regarding A 前 A に関しては／present 形 現在の

☐ (6) You should not **complain about your present situation**.

君は ＿＿＿＿＿＿＿＿＿＿＿＿＿＿＿＿＿＿＿＿＿＿＿＿＿＿＿ べきではないよ。

☐ (7) She **graduated from a top-ranked university**, so she is an able engineer.

彼女は ＿＿＿＿＿＿＿＿＿＿＿＿＿＿＿＿＿＿＿＿＿＿＿＿ から, 有能なエンジニアだ。

✎ top-ranked 形 トップランクの／able 形 (名 に直接かかって) 有能な

☐ (8) This bus **starts from Tokyo for** Hiroshima at 11:00 A.M.

このバスは午前11時に広島 ＿＿＿＿＿＿＿＿＿＿＿＿＿＿＿＿＿＿＿＿＿＿＿＿ 。

☐ (9) The CIA agent **succeeded in getting the confidential document**.

その CIA のエージェントは ＿＿＿＿＿＿＿＿＿＿＿＿＿＿＿＿＿＿＿＿＿＿＿ 。

✎ CIA　アメリカの諜報機関／agent 名 スパイ, 諜報員／confidential 形 秘密の, 機密の

ドリル 応用 123 4　日本語に合うように，英語を並べ替えて文を完成させましょう。
答えは音声や 左ページ で確認しましょう。

Y115
〜
Y123

☐ (1) 今何もしなければ，私たちは自然災害を生き延びられない（だろう）。

(survive / natural disasters / we / cannot) if we do nothing now.

文頭は
大文字！

_____

☐ (2) 私はそんな人が国会議員として働いているという事実が我慢できない。

(the fact / stand / I / can't) that such a person is working as a Diet member.

_____

Chapter
4

☐ (3) クラスの誰もその難しい問題に答えることができなかった。

(in the class / answer / the difficult question / could / no one).

_____

☐ (4) 隣人たちはどうしても私に妻を侮辱したことを謝ろうとしない。

(will not / me / the neighbors / to / apologize) for insulting my wife.

_____

☐ (5) 私は現在の労働環境に関するアンケートに回答した。

I (regarding / replied / a questionnaire / to) our present working environment.

_____

☐ (6) 君は現状に文句を言うべきではないよ。

You should not (your / complain / present situation / about).

_____

☐ (7) 彼女はトップランクの大学を卒業したから，有能なエンジニアだ。

She (university / from / graduated / a top-ranked), so she is an able engineer.

_____

☐ (8) このバスは午前11時に広島に向けて東京を出発する。

This bus (Hiroshima / Tokyo / starts / from / for) at 11:00 A.M.

_____

☐ (9) そのCIAのエージェントは機密文書を手に入れることに成功した。

The CIA agent (in / the confidential document / getting / succeeded).

_____

3 >>> Oに「人」がくる動詞／「人」がこない動詞　など

原則，Oに「人」がくる動詞／「人」がこない動詞

124 **thank O（人）**
O（人）に礼を言う

I thanked him for his help.

私は＿＿＿＿＿＿＿＿＿＿＿＿＿＿＿＿＿＿＿＿＿＿＿＿。

125 **persuade O（人）**
O（人）を説得する

I persuaded him into taking the medicine.

私はその薬を飲む＿＿＿＿＿＿＿＿＿＿＿＿＿＿＿＿＿＿。

126 **help O（人）**
O（人）を助ける

She helped me with my homework.

彼女は＿＿＿＿＿＿＿＿＿＿＿＿＿＿＿＿＿＿＿＿＿＿。

127 **remind O（人）**
O（人）に思い出させる

This photo reminds me of my childhood.

この写真は＿＿＿＿＿＿＿＿＿＿＿＿＿＿＿＿＿＿＿＿。

128 **inform O（人）**
O（人）に知らせる，情報を与える

They informed me of their new address.

彼らは＿＿＿＿＿＿＿＿＿＿＿＿＿＿＿＿＿＿＿＿＿＿。

129 **warn O（人）**
O（人）に警告する

The man warned me of the danger.

その男性は＿＿＿＿＿＿＿＿＿＿＿＿＿＿＿＿＿＿＿＿。

130 **appreciate O（行為）**
O（行為）に感謝する　🖉人を目的語にとらない！

I appreciate your help.

私は＿＿＿＿＿＿＿＿＿＿＿＿＿＿＿＿＿＿＿＿＿＿。

131 **demand O（行為・モノ）**
O（行為・モノ）を要求する
🖉人を目的語にとらない！

He demanded that he be paid more.

彼はもっと支払われる＿＿＿＿＿＿＿＿＿＿＿＿＿＿＿＿。

Oによって意味が違ってくる動詞

132 **attend O**
①O（学校，病院）に通う
②O（会議，授業）に出席する

She attends Kyoto University.　🖉英文は①です。

彼女は＿＿＿＿＿＿＿＿＿＿＿＿＿＿＿＿＿＿＿＿＿＿。

133 **join O**
①O（会，団体）に加わる
②O（活動，イベント）に参加する

You can join us.　🖉英文は①です。

君は＿＿＿＿＿＿＿＿＿＿＿＿＿＿＿＿＿＿＿てもいいよ。

次の日本語を英語にするとき，空所に適語を補いましょう。
答えは音声や〈左ページ〉で確認しましょう。

K124 〜 K133

□ (1) 私は彼に彼の援助のことでお礼を言った。

✎ I t＿＿＿＿＿ h＿＿＿＿＿ f＿＿＿＿＿ his help.

Chapter **4**

□ (2) 私はその薬を飲むように彼を説得した。

I p＿＿＿＿＿ h＿＿＿＿＿ into taking the medicine.

✎ persuade A into / out of *doing* は talk A into / out of *doing* と同じ意味。(▶p.142)
こちらも Check! ▶ persuade：099

□ (3) 彼女は私の宿題を手伝ってくれた。

She h＿＿＿＿＿ m＿＿＿＿＿ w＿＿＿＿＿ my homework.

✎ She helped my homework. は誤り。
こちらも Check! ▶ help：078

□ (4) この写真は私に子ども時代を思い出させる [→この写真を見ると私は子ども時代を思い出す]。

This photo r＿＿＿＿＿ m＿＿＿＿＿ o＿＿＿＿＿ my childhood.

こちらも Check! ▶ remind：101

□ (5) 彼らは私に新しい住所を知らせた。

They i＿＿＿＿＿ m＿＿＿＿＿ o＿＿＿＿＿ their new address.

□ (6) その男性は私に危険を警告した。

The man w＿＿＿＿＿ m＿＿＿＿＿ of the danger.

こちらも Check! ▶ warn：086

□ (7) 私はあなたの援助に感謝しています。

I a＿＿＿＿＿ your h＿＿＿＿＿.

□ (8) 彼はもっと支払われることを要求した。

He d＿＿＿＿＿ t＿＿＿＿＿ he be paid more.

✎ that 節は he should be の should が省略されていると考えます。

□ (9) 彼女は京都大学に通っている。

She a＿＿＿＿＿ Kyoto University.

□ (10) 君は僕ら（の仲間）に加わってもいいよ。

You can j＿＿＿＿＿ u＿＿＿＿＿.

ドリル3 応用 英語の青色の部分の訳を下に書きましょう。

答えは 右ページ で確認しましょう。

☐ (1) Thank you for lending me your electronic dictionary.

🖊 私にあなたの電子辞書を_____。

☐ (2) He persuaded his daughter that she should marry a rich man.

彼は_____。

☐ (3) John helped his girlfriend with the dishes.

ジョンは_____。

🖊 dish 名 皿 (do the dishes「皿洗いをする」)

☐ (4) This song always reminds me of my high school days.

この歌を聞くと, _____。

☐ (5) I was recently informed that the government would promote ICT education.

私は_____。

🖊 promote 動 Oを促進する／ICT (Information and Communication Technology) 情報通信技術

☐ (6) They warn hikers that wild bears are sometimes seen in the area.

彼らは_____。

🖊 hiker 名 ハイカー, ハイキングする人／wild 形 野生の

☐ (7) I appreciate your driving my son to the station.

駅まで_____。

☐ (8) The police demanded that I show them my driver's license.

警察は_____。

🖊 driver's license 運転免許証

☐ (9) I'm going to attend the linguistics seminar this weekend.

私は今週末に_____予定だ。

🖊 linguistics 名 言語学／seminar 名 セミナー

☐ (10) If you're interested in volunteering, you should join our club.

もしボランティアに興味があるなら, _____。

🖊 volunteering 名 ボランティア

応用 日本語に合うように，英語を並べ替えて文を完成させましょう。
答えは音声や 左ページ で確認しましょう。

Y124
〜
Y133

□ (1) 私にあなたの電子辞書を貸してくれてありがとう。

(lending / thank / your / you / for / me) electronic dictionary.

文頭は
大文字！

_____

□ (2) 彼は金持ちの男性と結婚すべきだと［するよう］娘を説得した。

He (his daughter / that / should marry / persuaded / she) a rich man.

_____

□ (3) ジョンはガールフレンドの皿洗いを手伝った。

John (his girlfriend / with / helped) the dishes.

_____

□ (4) この歌を聞くと，私はいつも高校時代を思い出す。

(this song / of / always / me / reminds) my high school days.

_____

□ (5) 私は最近，政府がICT教育を促進するだろうと知らされた。

I (the government / was recently informed / promote / that / would) ICT education.

_____

□ (6) 彼らはハイカーたちにその地域でときどき野生のクマが見られると警告している。

They (hikers / are / wild bears / warn / that / sometimes seen) in the area.

_____

□ (7) 駅まで息子を車で送っていただき感謝します。

I (driving / appreciate / my son / your) to the station.

_____

□ (8) 警察は私が彼らに運転免許証を見せることを求めた。

The police (I / demanded / show / that / them) my driver's license.

_____

□ (9) 私は今週末にその言語学のセミナーに出席する予定だ。

I'm (the linguistics seminar / attend / going to) this weekend.

_____

□ (10) もしボランティアに興味があるなら，私たちのクラブに参加するべきだよ。

If you're interested in volunteering, (you / our / join / club / should).

_____

4 >>> 日本語と英語で「する／される」が異なる動詞

ドリル キソ
1 2 3 4

英語の青色の部分の訳を下に書きましょう。

答えは 右ページ で確認しましょう。

日本語では受動態っぽいけど英語では能動態のグループ

134 **consist of** *A*

Aで構成されている

This book consists of seven chapters.

この本は_____。

135 **take place**

行われる

The event took place every year.

そのイベントは毎年_____。

日本語では能動態だけれど英語では受動態で表すグループ

136 *be* **dressed in** *A*

Aを着ている，身につけている

She was dressed in a white dress.

彼女は_____。

137 *be* **convinced that** **SV**

…だと確信している

I am convinced that you will pass.

私はあなたが合格する_____。

138 *be* **entitled to** *do*

〜する資格［権利］がある

You are entitled to receive the scholarship.

あなたはその奨学金を_____。

139 *be* **qualified to** *do*

〜する適性［資格］がある，〜するのに適任だ

I think I'm qualified to be a teacher.

私は_____と思う。

140 *be* **seated**

席につく

Please be seated while taking off.

離陸中は_____。

141 *be* **engaged in** *A*

Aに従事する，参加する

She was engaged in the discussion.

彼女は_____。

142 *be* **dedicated to** *A*

Aに打ち込む，捧げる

He was dedicated to his work.

彼は_____。

ドリル **2** 1 3 4 (キソ) 次の日本語を英語にするとき，空所に適語を補いましょう。
答えは音声や〈左ページ〉で確認しましょう。

K134
〜
K142

☐ **(1)** この本は**7つの章で構成されている**。

✎ This book c＿＿＿＿＿＿＿＿＿ o＿＿＿＿＿＿＿＿＿ seven chapters.

☐ **(2)** そのイベントは毎年**行われた**。

The event t＿＿＿＿＿＿＿＿＿ p＿＿＿＿＿＿＿＿＿ every year.

こちらもCheck! ▶ take：046，197

Chapter 4

☐ **(3)** 彼女は**白いドレスを身につけていた**。

She w＿＿＿＿＿＿ d＿＿＿＿＿＿＿ i＿＿＿＿＿＿＿ a white dress.

☐ **(4)** 私はあなたが合格すると**確信している**。

I a＿＿＿＿＿＿＿ co＿＿＿＿＿＿ t＿＿＿＿＿＿＿ you will pass.

☐ **(5)** あなたはその奨学金を**受け取る資格がある**。

You a＿＿＿＿＿＿ en＿＿＿＿＿ t＿＿＿＿＿＿＿ receive the scholarship.

☐ **(6)** 私は**自分が教師になる適性がある**と思う。

I think I'm q＿＿＿＿＿＿＿ t＿＿＿＿＿＿＿ be a teacher.

✎ 免許などの資格だけでなく，資質や能力についても使えます。

☐ **(7)** 離陸中は**席についていて**ください。

Please b＿＿＿＿＿＿＿ s＿＿＿＿＿＿＿ while taking off.

☐ **(8)** 彼女はその議論に**参加していた**。

She w＿＿＿＿＿＿ e＿＿＿＿＿＿ i＿＿＿＿＿＿ the discussion.

☐ **(9)** 彼は自分の仕事に**打ち込んだ**。

He was ded＿＿＿＿＿＿ t＿＿＿＿＿＿＿ his work.
= He dedicated himself to his work.

Hints!

動詞を*doing*や*done*のカタチに変えて，形容詞の性質を備えたものを現在分詞，過去分詞と呼んでいます。この現在分詞*doing*や過去分詞*done*の一部には，完全な形容詞になったものがあります。142のdedicatedも辞書では形容詞として扱われています。こういったものを「分詞形容詞」と呼んでいます（分詞形容詞については p.126〜も参照）。

☐ (1) Water **consists of hydrogen and oxygen**.

✎ 水は＿＿＿＿＿＿＿＿＿＿＿＿＿＿＿＿＿＿＿＿＿＿＿＿＿＿＿＿＿＿＿＿＿。

✎ hydrogen 名 水素／oxygen 名 酸素

☐ (2) **The sports festival takes place in September** at our school.

私たちの学校では＿＿＿＿＿＿＿＿＿＿＿＿＿＿＿＿＿＿＿＿＿＿＿＿＿＿。

☐ (3) Risa **was dressed in a wedding dress** and looked very beautiful.

リサは＿＿＿＿＿＿＿＿＿＿＿＿＿＿＿＿＿＿＿＿＿＿＿，とても美しかった。

☐ (4) The journalist **was convinced that the suspect was guilty**.

その記者は，＿＿＿＿＿＿＿＿＿＿＿＿＿＿＿＿＿＿＿＿＿＿＿＿＿＿＿＿。

✎ suspect 名 容疑者

☐ (5) Victims of the earthquake **are entitled to receive official support**.

その地震の被災者たちは，＿＿＿＿＿＿＿＿＿＿＿＿＿＿＿＿＿＿＿＿＿＿。

✎ official support 公的な支援

☐ (6) I think **the candidate is qualified to work in public service**.

私は＿＿＿＿＿＿＿＿＿＿＿＿＿＿＿＿＿＿＿＿＿＿＿＿と思う。

✎ public service 公職，公共サービス

☐ (7) Passengers of the canceled flight **were seated in the lounge**, feeling tired.

欠航した航空便の乗客は疲れて＿＿＿＿＿＿＿＿＿＿＿＿＿＿＿＿＿＿＿＿。

✎ lounge 名 (空港などの)ラウンジ／..., feeling tired 前の文に付け足す内容(分詞構文)。

☐ (8) I can give you some good advice, as **I've been engaged in sales for years**.

＿＿＿＿＿＿＿＿＿＿＿＿＿＿＿＿＿＿のであなたにいいアドバイスができますよ。

✎ sales 名 営業・販売の仕事／for years 長年，何年も

☐ (9) He **has been dedicated to increasing employment in his hometown**.

彼は＿＿＿＿＿＿＿＿＿＿＿＿＿＿＿＿＿＿＿＿＿＿＿＿＿＿＿＿＿＿＿。

□ (1) 水は水素と酸素で構成されている。

(hydrogen / water / and oxygen / consists of).

文頭は
大文字！

_____

□ (2) 私たちの学校では体育祭は9月に行われる。

(September / the sports festival / in / takes place) at our school.

_____

Chapter
4

□ (3) リサはウエディングドレスを着て，とても美しかった。

(was / in a wedding dress / dressed / Risa) and looked very beautiful.

_____

□ (4) その記者は，その容疑者が有罪であると確信していた。

(the journalist / the suspect / was / that / convinced) was guilty.

_____

□ (5) その地震の被災者たちは，公的な支援を受ける権利がある。

(entitled / are / victims of the earthquake / to / receive) official support.

_____

□ (6) 私はその候補者は，公職で働く適性があると思う。

I think (is / in / to work / the candidate / qualified) public service.

_____

□ (7) 欠航した航空便の乗客は疲れてラウンジで座っていた。

Passengers of (the canceled / were / flight / seated) in the lounge, feeling tired.

_____

□ (8) 私は長年，営業に従事してきたのであなたにいいアドバイスができますよ。

I can give you some good advice, as (in sales / engaged / I've / for years / been).

_____

□ (9) 彼は故郷に雇用を増やすことに打ち込んできた。

He has (been / increasing / dedicated / to / in his hometown / employment).

_____

5 >>> 原則として進行形をとれない動詞

ドリル
1 2 3 4 （キソ）

英語の青色の部分の訳を下に書きましょう。
答えは 右ページ で確認しましょう。

「認識」や「状態」を表して，進行形にできないグループ

143 **know O**
☐ Oを知っている
📎 活用 know-knew-known

We have known each other since childhood.

私たちは_____。

---

144 **notice O**
☐ Oに（はっと）気づく

I didn't notice the mistake.

私は_____。

---

145 **realize O**
☐ Oに（理解して）気づく，…だと悟る

He realized her true intention.

彼は_____。

---

146 **resemble O**
☐ Oに似ている

She really resembles her sister.

彼女は本当に_____。

---

147 **contain O**
☐ Oを含む［含んでいる］

This book contains useful information.

この本は_____。

---

148 **belong to** *A*
☐ Aに所属している

I belong to the brass band club.

私は吹奏楽部_____。

---

149 **depend on** *A*
☐ Aに頼る，A次第である

Children depend on their parents.

子どもは_____。

---

150 **differ from** *A*
☐ Aと異なっている

His opinion differs from mine.

彼の意見は_____。

---

151 **vary**
☐ 異なる，多様である

Values vary from person to person.

価値観は人によって_____。

---

152 **matter**
☐ 重要である

It doesn't matter when you leave.

あなたがいつ出発するかは_____。

ドリル
2 1 3 4 ｷﾝ 次の日本語を英語にするとき，空所に適語を補いましょう。
答えは音声や 左ページ で確認しましょう。

K143
〜
K152

☐ (1) 私たちは子ども時代からお互いを知っている。

✎ We h＿＿＿＿＿ k＿＿＿＿＿ each other s＿＿＿＿＿ childhood.

☐ (2) 私はそのまちがいに気づかなかった。

I d＿＿＿＿＿ n＿＿＿＿＿ the mistake.

☐ (3) 彼は彼女の本当の意図に気づいた。

He r＿＿＿＿＿ her true intention.

☐ (4) 彼女は本当に彼女の姉［妹］に似ている。

She really r＿＿＿＿＿ her s＿＿＿＿＿.

☐ (5) この本は有益な情報を含んでいる。

This book c＿＿＿＿＿ useful i＿＿＿＿＿.

☐ (6) 私は吹奏楽部に所属している。

I b＿＿＿＿＿ t＿＿＿＿＿ the brass band club.

☐ (7) 子どもは親に頼っている。

Children d＿＿＿＿＿ o＿＿＿＿＿ their parents.

☐ (8) 彼の意見は私のもの［意見］とは異なっている。

His opinion d＿＿＿＿＿ f＿＿＿＿＿ mine.

☐ (9) 価値観は人によって異なる。

Values v＿＿＿＿＿ from person to person.

☐ (10) あなたがいつ出発するかは重要ではない。

It d＿＿＿＿＿ m＿＿＿＿＿ when you leave.

Chapter
4

☐ **(1)** I **know a lot about the advantages** of electronic money.

✎ 私は電子マネーの_____。

✎ advantage 名 利点／electronic money　電子マネー

☐ **(2)** On my way to school, I **noticed that I had left my assignment at home**.

学校に行く途中，私は_____。

✎ assignment 名 宿題

☐ **(3)** Reading his biography, I **realized how important it was to do my best**.

彼の伝記を読んで，私は_____。

✎ biography 名 伝記

☐ **(4) The twins resemble each other** in almost every way.

ほぼすべての面において_____。

✎ in every way　すべての面において

☐ **(5)** This product **does not contain** genetically-modified soybeans.

この製品は遺伝子組み換えの大豆_____。

✎ genetically-modified 形 遺伝子組み換えが行われている

☐ **(6)** Do you think that dogs and wolves **belong to the same species**?

犬とオオカミは_____と思いますか。

✎ species 名 (生物の)種(しゅ)

☐ **(7)** Japan's future **depends on young people's participation in politics**.

日本の将来は_____。

✎ participation in A　Aへの参加

☐ **(8)** Our product **differs from what was originally planned**.

私たちの製品は_____。

✎ originally 副 最初，当初，本来

☐ **(9)** The room rates **vary according to the size of the rooms**.

宿泊料金は_____。

✎ room rate　宿泊料金／according to A　Aに応じて

☐ **(10)** It **doesn't matter** if these small changes are made to the original plan.

これらの小さな変更が元の計画に加えられても_____。

日本語に合うように，英語を並べ替えて文を完成させましょう。
答えは音声や 左ページ で確認しましょう。

Y143 〜 Y152

□ **(1)** 私は電子マネーの利点について多くのことを知っている。

I (the advantages / a lot / know / about) of electronic money.

文頭は大文字！ _____

□ **(2)** 学校に行く途中，私は宿題を家に忘れてきたことに気づいた。

On my way to school, I (I had left / noticed / my assignment / that) at home.

_____

□ **(3)** 彼の伝記を読んで，私は全力を尽くすことがどれほど大切かに気づいた。

Reading his biography, I (it was / how / realized / important) to do my best.

_____

□ **(4)** ほぼすべての面においてその双子はお互いに似ている。

(each other / the twins / resemble) in almost every way.

_____

□ **(5)** この製品は遺伝子組み換えの大豆を含んでいません。

(does / contain / this product / not) genetically-modified soybeans.

_____

□ **(6)** 犬とオオカミは同じ種に属していると思いますか。

Do you think that (belong / the same species / to / dogs and wolves)?

_____

□ **(7)** 日本の将来は若者の政治参加次第である ［→若者の政治参加によって左右される］。

Japan's future (young people's / depends / participation / on) in politics.

_____

□ **(8)** 私たちの製品は当初計画されていたものとは異なっている。

(from / our product / differs) what was originally planned.

_____

□ **(9)** 宿泊料金は部屋の大きさによって変わる。

(rates / vary / the room) according to the size of the rooms.

_____

□ **(10)** これらの小さな変更が元の計画に加えられても問題ありません。

(doesn't / these small changes / are made / if / it / matter) to the original plan.

_____

第1文型と熟語表現

　第1文型は〈**SV＋修飾要素**〉で構成され，基本的な意味は①**存在「ある／いる」**（例）be 動詞），②**変化・進行**（後ろに方向を表す言葉を伴う）（例）go, come など）ですが，これらに当てはまらないものも多く，**例外はすべて暗記する必要があります**。ただ，後ろに続く〈**前置詞＋A**〉に注目すると，ある程度は意味を一般化できます。第1課で扱う **at A** を見てみましょう。

---
① gaze at the Statue of Liberty（自由の女神像）　② glance at the beautiful woman

③ glare at the rude man　　　　　　　　　　　　④ aim at the target

　中学生で習う **V at A** のカタチをとる動詞を思い出してみましょう。**look at A「A を見る」** がありますね！　①〜④の動詞を「〜を見る」で訳すと文脈的にうまくはまる気がしませんか？それでは答え合わせ！　①「自由の女神像を**見つめる**」②「美しい女性を**チラ見する**」③「無礼な男を**にらみつける**」④「標的を**狙う**」で，「**見る，狙う**」という共通の意味でまとめられるんです！　もちろん例外もあるのですが，動詞と前置詞の組み合わせを覚えておくと，未知の語でも，「**同じ前置詞をとる簡単な動詞**と同じかも？」と予測することができます。

1　SV at A ／ SV by A
学習ページ ▶ p.80

　SV at A は「**A を見る，狙う**」に関連するものが多い他，**at は点→先端**のイメージから「**敵意**」を表すことも多いです（例）laugh at A「A を（ばかにして）笑う」）。また，**SV by A** は「**A のそばで〜する**」に関連した意味を持ち，stand by A「A の味方をする」などで使われます。

2　SV into A ／ SV in A
学習ページ ▶ p.84

　前置詞 into は「**変化／〜（空間）の中へ**」，in は「**〜（空間）の中へ**」のイメージです。ここから **SV into A**「**A に変わる，A に入る**」，**SV in A**「**A に入る**」となります。

3　SV for A ／ SV to A
学習ページ ▶ p.88

　for と to はどちらも**方向を表す**前置詞です。**後ろにくる名詞の方に向かうイメージ「→」**と覚えましょう。両者の違いは for が**その方面に向かうが到達の保証はされていない**＝出発点視点であるのに対し，to は**そこに着く**＝到着点視点ということです。ここから，**SV for A** は「**A を求める，A の方に向かう**」，**SV to A** は「**A に達する，A に導く**」などの意味になります。

4 SV on *A* / SV with *A*

学習ページ ▶ p.92

　前置詞onは「平面接触」を表し，**A**にひっついて**離れられない**「**A**に頼る」系のdepend on **A** / rely on **A**と，「**A**に集中する」系のfocus on **A** / concentrate on **A**で使われます。

　前置詞withは注意が必要で，「〜と，〜と一緒に」だけでなく「〜を相手に」「〜（道具）で」などの意味があります。**go with A**「**A**と付き合う，仲良くする」などイメージどおりのものもあれば，**conflict with A**「**A**と対立する」など**A**が敵や比較の対象のものもあります。

　続いて学ぶ第3文型は文型と意味の関係性が見られないので，第1文型〈SV + 前置詞 + *A*〉と同様に〈*A* + 前置詞 + *B*〉のカタチで意味を一般化して考えてみましょう。

5 SV *A* as *B* / SV *A* for *B*

学習ページ ▶ p.96

　前置詞のasは「＝（イコール）」だと思ってください。SVの後ろに*A* = *B*。そう，これって**SVO = Cと同じ**ですね。**SV A as Bは SVOC の仲間**で，「**A = Bだと思う，言う**」などの意味です。***A* for *B*** に関しては，forの「**方向**」の意味から「**AをBの方に向ける**」，「**交換**」の意味から「**AをBと交換する**」，「**理由**」の意味から「**Bの理由でAを責める，褒める**」などの意味になります。

6 SV *A* for *B* / SV *A* from *B*

学習ページ ▶ p.100

　（本課は*A* for *B*の続きを含みます。）toやintoのイメージが「→」であるのに対し，**fromは「←」**（後ろにくる名詞から**離れていく**）のイメージです。「**AをBから離す**」をもとに「**AをBと分ける／AをBから得る／AをBに求める**」などの意味になります。

7 SV *A* of *B* / SV *A* to *B*

学習ページ ▶ p.104

　ofの重要な意味に「**分離**」があります。**rob A of B**や**deprive A of B**「**AからBを奪う**」が有名ですね。このofは分離の意味を持つoffからfが1つ落ちたのだとされています。**SV A to B**については「**AをBの方に向ける**」と「**AをBのために使う**」の2系統があります。本書では前者を扱います。

8 SV *A* into *B* / SV *A* with *B*

学習ページ ▶ p.108

　A* into *B に関しては，**SV into *A*を他動詞化**したと考えれば理解しやすいですね。**turn A into B**のような「**AをBに変える**」と，**put A into B**のような「**AをBの中に入れる**」の2系統の意味があります。***A* with *B*** については，概ねイメージどおり，「**AにBを与える**（「**AとBが一緒になる**」から）」と「**AをBと組み合わせる**」の意味になります。

1 ››› SV at *A* ／ SV by *A*

英語の青色の部分の訳を下に書きましょう。

答えは 右ページ で確認しましょう。

SV at *A* 「*A*を見る・狙う」のグループ　★*A*には名詞が入ります。

153 **look at *A***
☐ *A*を見る

She looked at it carefully.

彼女は_____。

154 **glance at *A***
☐ *A*をちらっと見る

He glanced at her.

彼は_____。

155 **glare at *A***
☐ *A*をにらみつける

My dog glared at the stranger.

私の犬が_____。

156 **gaze at *A***
☐ *A*を見つめる

She gazed at the night view.

彼女は_____。

157 **aim at *A***
☐ *A*を狙う

The player aimed at the goal.

その選手は_____。

158 **blink at *A***
☐ *A*を驚きの目で見る　✎ 通例，否定文で使う。

She didn't even blink at her broken car.

彼女は自分の壊れた車_____。

SV by *A* 「*A*のそばで〜する」のグループ

159 **stand by *A***
☐ *A*の味方をする，そばにいる

I will stand by you.

僕は_____つもりだ。

160 **pass by *A***
☐ *A*のそばを通り過ぎる

A man passed by me.

1人の男性が_____。

161 **come by *A***
☐ *A*に（ちょっと）立ち寄る

Please come by my shop.

_____。

次の日本語を英語にするとき，空所に適語を補いましょう。
答えは音声や ⟨左ページ⟩ で確認しましょう。

K153 〜 K161

☐ **(1)** 彼女はそれを注意深く見た。

✎ She l_____ a_____ it carefully.

こちらも Check! ▶ look：011, 171, 191

☐ **(2)** 彼は彼女をちらっと見た。

He g_____ a_____ her.

☐ **(3)** 私の犬が見知らぬ人をにらみつけた。

My dog g_____ a_____ the stranger.

☐ **(4)** 彼女は夜景を見つめていた。

She g_____ a_____ the night view.

☐ **(5)** その選手はゴールを狙った。

The player a_____ a_____ the goal.

☐ **(6)** 彼女は自分の壊れた車を見てひとつも驚かなかった［→まばたき一つしなかった］。

She didn't even b_____ a_____ her broken car.

✎ blink は自動詞では「まばたきをする」という意味になります。

☐ **(7)** 僕は君の味方をするつもりだ。

I will s_____ b_____ you.

こちらも Check! ▶ stand：116, 177

☐ **(8)** 1人の男性が私のそばを通り過ぎた。

A man p_____ b_____ me.

こちらも Check! ▶ pass：025

☐ **(9)** 私の店に（ちょっと）立ち寄ってください。

Please c_____ b_____ my shop.

こちらも Check! ▶ come：003, 163, 314

Hints!

前置詞の意味に着目すると効率的にイディオム学習ができます。本課の at の基本の意味は「場所や時間の一点」で，そこから look at A「A（一点）を見る」を予測できます。by も同様に「〜のそばで」の意味から，stand by A「Aのそばにいる→Aの味方をする」の意味を予測できます。

英語の青色の部分の訳を下に書きましょう。

答えは 右ページ で確認しましょう。

☐ **(1)** Let's **look at this problem from a different point of view**.

✎ _____ みよう。

✎ a ～ point of view　～の視点［観点］

☐ **(2)** **The clerk glanced at me** and said, "May I help you?"

_____「いらっしゃいませ」と言った。

✎ clerk 名 店員, 販売員(＝ salesclerk)

☐ **(3)** When her sons behaved badly, **she got angry and glared at them**.

息子たちが悪さをしたとき, _____。

✎ behave badly　無作法に振る舞う(⇔ behave well)

☐ **(4)** **The girl gazed at her favorite singer's poster**, hoping to see him someday.

いつか彼に会いたいと思いながら, _____。

✎ favorite 形 大好きな／hoping ... ＝ as she hoped ...

☐ **(5)** The policy **aims at improving the working conditions** of temporary employees.

その政策は非正規雇用者の_____。

✎ temporary employee　非正規雇用者(temporary 形 一時的な)

☐ **(6)** The customer **didn't even blink at the 20% price increase**.

その客は_____。

✎ price increase　値上げ

☐ **(7)** We **should stand by one another** when we are in trouble.

私たちは困ったことがあったときは_____。

✎ one another　お互い

☐ **(8)** **I passed by an elementary school** before I got to the station.

私は駅に着く前に, _____。

☐ **(9)** **Could you come by my house and pick me up** tomorrow morning?

明日の朝, _____。

✎ pick ＋ 人 ＋ up　人を車に乗せる

ドリル 応用 4　日本語に合うように，英語を並べ替えて文を完成させましょう。答えは音声や 左ページ で確認しましょう。

□ (1) この問題を違う視点から見てみよう。

Let's (look / at / from / this problem) a different point of view.

文頭は
大文字！

_____

□ (2) 店員は私の方をちらっと見て「いらっしゃいませ」と言った。

(me / the clerk / glanced / at) and said, "May I help you?"

_____

□ (3) 息子たちが悪さをしたとき，彼女は怒って彼らをにらみつけた。

When her sons behaved badly, (at / got angry and / she / them / glared).

_____

□ (4) いつか彼に会いたいと思いながら，その少女はお気に入りの歌手のポスターを見つめた。

(the girl / singer's poster / at / gazed / her favorite), hoping to see him someday.

_____

□ (5) その政策は非正規雇用者の労働条件を改善することを目的としている。

The policy (aims / improving / at / the working conditions) of temporary employees.

_____

□ (6) その客は価格が20％上がったことにひとつも驚かなかった。

The customer didn't even (the 20% / at / price increase / blink).

_____

□ (7) 私たちは困ったことがあったときはお互いの味方をすべきだ［→お互いを頼りにすべきだ］。

(one another / we / by / should / stand) when we are in trouble.

_____

□ (8) 私は駅に着く前に，小学校のそばを通り過ぎた。

(an elementary school / by / I / passed) before I got to the station.

_____

□ (9) 明日の朝，私の家に立ち寄って，私を車に乗せてもらえませんか。

Could (come / and pick / me / you / by my house / up) tomorrow morning?

_____

Chapter 5

2 ››› SV into *A* / SV in *A*

英語の青色の部分の訳を下に書きましょう。

答えは 右ページ で確認しましょう。

SV into *A*「Aに変化する・Aの中に入る」／SV in *A*「Aに入る」のグループ

162
go into *A*
Aの中に入る　　　　　⇔ go out of *A*

I went into the room first.

私が_____。

163
come into *A*
①Aに入ってくる　②Aの状態になる

A tour group came into the museum.　　　✎ 英文は①です。

旅行者のグループが_____。

164
cut into *A*
Aに割り込む
✎ 活用 cut-cut-cut

He cut into our conversation.

彼は_____。

165
jam into *A*
A(狭い場所)に［で］押し合う，群がる

Passengers jammed into the rush-hour train.

乗客はラッシュアワーの電車_____。

166
turn into *A*
Aに変化する

Tadpoles turn into frogs.

オタマジャクシはカエル_____。

167
burst into *A*
突然Aし始める
✎ 活用 burst-burst-burst

She burst into tears.

彼女は_____。

168
fall into *A*
Aに分類される，A(いくつかの部分)からなる

This lecture falls into three parts.

この講義は_____。

169
participate in *A*
Aに参加する

Only students can participate in our school festival.

学生のみが私たちの学園祭_____。

170
settle in *A*
Aに定住する，移り住む

The family settled in Kyoto.

その家族は京都_____。

次の日本語を英語にするとき，空所に適語を補いましょう。
答えは音声や〈左ページ〉で確認しましょう。

K162 〜 K170

□ **(1)** 私が最初にその部屋に入った。

✎ I w＿＿＿＿＿＿ i＿＿＿＿＿＿ the room first.

こちらも Check! ▶ go：004, 291

□ **(2)** 旅行者のグループがその美術館に入ってきた。

A tour group c＿＿＿＿＿＿ i＿＿＿＿＿＿ the museum.

こちらも Check! ▶ come：003, 161, 314

□ **(3)** 彼は私たちの会話に割り込んできた。

He c＿＿＿＿＿＿ i＿＿＿＿＿＿ our conversation.

Chapter **5**

□ **(4)** 乗客はラッシュアワーの電車に押し合いながら乗り込んだ。

Passengers j＿＿＿＿＿＿ i＿＿＿＿＿＿ the rush-hour train.

□ **(5)** オタマジャクシはカエルに変化する［→になる］。

Tadpoles t＿＿＿＿＿＿ i＿＿＿＿＿＿ frogs.

✎ tadpole 名 オタマジャクシ
こちらも Check! ▶ turn：005, 019, 222

□ **(6)** 彼女は突然泣き出した。

She b＿＿＿＿＿＿ i＿＿＿＿＿＿ t＿＿＿＿＿＿ .

□ **(7)** この講義は3つのパートに分けられる［→からなる］。

This lecture f＿＿＿＿＿＿ i＿＿＿＿＿＿ three parts.

こちらも Check! ▶ fall：007

□ **(8)** 学生のみが私たちの学園祭に参加できます。

Only students c＿＿＿＿＿＿ p＿＿＿＿＿＿ i＿＿＿＿＿＿ our school festival.

□ **(9)** その家族は京都に移住した。

The family s＿＿＿＿＿＿ i＿＿＿＿＿＿ Kyoto.

Hints!

in の基本の意味は「A（空間）の中で」で，ここからイディオムは「A に入る」という意味を含みます。into は「A の中に（in + to）」と「A へと変化する」という2つの意味を持ちます。in や into に加えて次の課で扱う for と to も，「→（ある方向に向かう）」というイメージを持っておくとよいですね。

☐ (1) He **went into the café to meet his client**.

✎ 彼は＿＿＿。

🔖 client 名 顧客

☐ (2) Cherry blossoms **come into full bloom in February** in Kawazu.

河津では桜が＿＿＿＿＿＿＿＿＿＿＿＿＿＿＿＿＿＿＿＿＿＿＿＿＿＿＿＿＿＿＿＿＿＿。

🔖 cherry blossom 桜／bloom 名 開花

☐ (3) A young man **cut into the waiting line at the supermarket**.

1人の若い男性が＿＿＿＿＿＿＿＿＿＿＿＿＿＿＿＿＿＿＿＿＿＿＿＿＿＿＿＿＿＿。

🔖 waiting line （何かを待っている人たちの）行列

☐ (4) Spectators **jammed into the street** to see the parade.

見物客は，そのパレードを見るために，＿＿＿＿＿＿＿＿＿＿＿＿＿＿＿＿＿＿＿＿＿。

🔖 spectator 名 見物客，観客／parade 名 パレード

☐ (5) In the story of *Cinderella*, **a pumpkin turned into a carriage**.

『シンデレラ』のお話では，＿＿＿＿＿＿＿＿＿＿＿＿＿＿＿＿＿＿＿＿＿＿＿＿＿＿＿。

🔖 carriage 名 馬車

☐ (6) When he made a joke during the serious lecture, **the audience burst into laughter**.

彼が真面目な講義中に冗談を言うと，＿＿＿＿＿＿＿＿＿＿＿＿＿＿＿＿＿＿＿＿＿＿。

🔖 make a joke 冗談を言う

☐ (7) In terms of biology, **dolphins fall into the mammal category**.

生物学的には＿＿＿＿＿＿＿＿＿＿＿＿＿＿＿＿＿＿＿＿＿＿＿＿＿＿＿＿＿＿＿＿＿＿。

🔖 in terms of A Aの観点から／biology 名 生物学／mammal 名 哺乳類

☐ (8) The nations' leaders **participated in the conference** to discuss the issue.

各国の指導者たちはその問題を話し合うために＿＿＿＿＿＿＿＿＿＿＿＿＿＿＿＿＿＿。

🔖 conference 名 会議

☐ (9) He frequently moved because of his work, but **he finally settled in the countryside**.

彼は仕事のせいで頻繁に引っ越しをしていたが，＿＿＿＿＿＿＿＿＿＿＿＿＿＿＿＿＿＿。

🔖 frequently 副 頻繁に／countryside 名 田舎

ドリル **4** 日本語に合うように，英語を並べ替えて文を完成させましょう。
答えは音声や 左ページ で確認しましょう。

☐ **(1)** 彼は顧客と面会するためにカフェに入った。

(went / the café / he / into) to meet his client.

文頭は
大文字！ ✎ _____

☐ **(2)** 河津では桜が2月に満開になる。

Cherry blossoms (February / come / into / in / full bloom) in Kawazu.

_____

☐ **(3)** 1人の若い男性がスーパーの行列に割り込んできた。

A young man (cut / at / the waiting line / the supermarket / into).

_____

☐ **(4)** 見物客は，そのパレードを見るために，その通りに押し合いながら入っていった。

Spectators (jammed / the street / into) to see the parade.

_____

☐ **(5)** 『シンデレラ』のお話では，カボチャが馬車に変わった。

In the story of *Cinderella*, (turned / a carriage / into / a pumpkin).

_____

☐ **(6)** 彼が真面目な講義中に冗談を言うと，聴衆は突然笑い出した。

When he made a joke during the serious lecture, (laughter / the audience / into / burst).

_____

☐ **(7)** 生物学的にはイルカは哺乳類に分類される。

In terms of biology, (dolphins / into / the mammal category / fall).

_____

☐ **(8)** 各国の指導者たちはその問題を話し合うために会議に参加した。

The nations' (leaders / the conference / participated / in) to discuss the issue.

_____

☐ **(9)** 彼は仕事のせいで頻繁に引っ越しをしていたが，最終的に田舎に定住した。

He frequently moved because of his work, but (in / he finally / settled / the countryside).

_____

3 >>> SV for *A* / SV to *A*

SV for *A*「Aを求める・Aの方に向かう」のグループ

171 **look for *A***
□ Aを探す

I am looking for my phone.

私は_____。

172 **long for *A***
□ Aを切望する，希求する

Women were longing for the right to vote.

女性は_____。

173 **hope for *A***
□ Aを望む

She is hoping for a good result.

彼女は_____。

174 **fight for *A***
□ Aを求めて戦う，奮闘する
活用 fight-fought-fought

Slaves fought for freedom.

奴隷たちは_____。

175 **hunt for *A***
□ Aを探し求める

He is hunting for a well-paid job.

彼は_____。

176 **call for *A***
□ Aを必要とする，求める

This job calls for special skills.

この仕事は_____。

177 **stand for *A***
□ A（主義・主張）を支持する ⇔ stand against *A*

I will stand for our company policy.

私は_____つもりだ。

SV to *A*「Aに至る」のグループ

178 **lead to *A***
□ Aに至る，つながる

This road leads to Ueno Station.

この道は_____。

179 **contribute to *A***
□ Aに貢献する，Aの原因となる

TV can contribute to violent crimes.

テレビは_____。

180 **amount to *A***
□ Aに達する，結局Aになる

The number of victims amounts to 1,000 people.

被害者の数は_____。

次の日本語を英語にするとき，空所に適語を補いましょう。
答えは音声や ＜左ページ＞ で確認しましょう。

K171
〜
K180

□ **(1)** 私は**自分の電話を探している**。

✎ I am l_____ f_____ my phone.

こちらも Check! ▶ look：011，153，191

□ **(2)** 女性は**選挙権を切望していた**。

Women were l_____ f_____ the right to vote.

□ **(3)** 彼女は**よい結果を望んでいる**。

She is h_____ f_____ a good result.

こちらも Check! ▶ hope：233

Chapter
5

□ **(4)** 奴隷たちは**自由を求めて闘った**。

Slaves f_____ f_____ freedom.

□ **(5)** 彼は**高賃金の仕事を探し求めている**。

He is h_____ f_____ a well-paid job.

□ **(6)** この仕事は**特別な技能を必要とする**。

This job c_____ f_____ special skills.

こちらも Check! ▶ call：067，247

□ **(7)** 私は**会社［我が社］の方針を支持する**つもりだ。

I will s_____ f_____ our company policy.

✎ stand for A は「A を意味する」も表す。 例 AI stands for Artificial Intelligence. AI は人工知能の略だ。

こちらも Check! ▶ stand：116，159

□ **(8)** この道は**上野駅につながっている**。

This road l_____ t_____ Ueno Station.

こちらも Check! ▶ lead：104

□ **(9)** テレビは**暴力的な犯罪の原因となりうる**。

TV can c_____ t_____ violent crimes.

□ **(10)** 被害者の数は**1,000 人に達する**。

The number of victims a_____ t_____ 1,000 people.

英語の青色の部分の訳を下に書きましょう。

答えは 右ページ で確認しましょう。

☐ **(1)** I **have been looking for a capable person to work** as my secretary.

✎ 私は，私の秘書として＿＿＿＿＿＿＿＿＿＿＿＿＿＿＿＿＿＿＿＿＿＿＿＿＿＿＿＿＿＿＿。

✎ capable 形 有能な／secretary 名 秘書

☐ **(2)** People all over the world **are longing for world peace**.

全世界の人が＿＿＿＿＿＿＿＿＿＿＿＿＿＿＿＿＿＿＿＿＿＿＿＿＿＿＿＿＿＿＿＿＿＿＿。

☐ **(3)** The public **was hoping for an end** to the prolonged recession.

市民は長引く不況の＿＿＿＿＿＿＿＿＿＿＿＿＿＿＿＿＿＿＿＿＿＿＿＿＿＿＿＿＿＿＿。

✎ the public 市民／prolonged 形 長期の／recession 名 不景気

☐ **(4)** The youth of the country once **fought for freedom of speech**.

かつてその国の若者は＿＿＿＿＿＿＿＿＿＿＿＿＿＿＿＿＿＿＿＿＿＿＿＿＿＿＿＿＿＿。

✎ once 副 かつて，以前

☐ **(5)** The group of archaeologists **was hunting for a fossil of the animal**.

考古学者のグループは＿＿＿＿＿＿＿＿＿＿＿＿＿＿＿＿＿＿＿＿＿＿＿＿＿＿＿＿＿＿。

✎ archaeologist 名 考古学者／fossil 名 化石

☐ **(6)** The student council **called for an open discussion between students and teachers**.

生徒会は＿＿＿＿＿＿＿＿＿＿＿＿＿＿＿＿＿＿＿＿＿＿＿＿＿＿＿＿＿＿＿＿＿＿＿＿＿。

✎ open discussion 公開討論

☐ **(7)** The association for gender equality **stands for fairness in hiring and wages**.

男女平等を求める組合は＿＿＿＿＿＿＿＿＿＿＿＿＿＿＿＿＿＿＿＿＿＿＿＿＿＿＿＿＿。

✎ gender equality 男女平等／fairness 名 公平(性)／wage 名 (〜s)賃金

☐ **(8)** A lack of sleep **can lead to serious health problems**.

睡眠不足は＿＿＿＿＿＿＿＿＿＿＿＿＿＿＿＿＿＿＿＿＿＿＿＿＿＿＿＿＿＿＿＿＿＿＿＿。

☐ **(9)** Healthy eating habits **surely contribute to long life**.

健康的な食習慣は＿＿＿＿＿＿＿＿＿＿＿＿＿＿＿＿＿＿＿＿＿＿＿＿＿＿＿＿＿＿＿＿。

✎ habit 名 習慣／surely 副 きっと，確かに

☐ **(10)** The company's debt eventually **amounted to 10 billion dollars**.

その会社の負債は結局＿＿＿＿＿＿＿＿＿＿＿＿＿＿＿＿＿＿＿＿＿＿＿＿＿＿＿＿＿＿。

✎ debt 名 借金／eventually 副 最終的には，結局は

Y171
〜
Y180

□ **(1)** 私は，私の秘書として働いてくれる有能な人をずっと探している。

I (have / looking / a capable / for / person / been) to work as my secretary.

文頭は
大文字！

_____

□ **(2)** 全世界の人が世界平和を希求している。

People (for / all over the world / longing / are / world peace).

_____

□ **(3)** 市民は長引く不況の終わりを望んでいた。

The public (for / the prolonged / hoping / recession / an end to / was).

_____

□ **(4)** かつてその国の若者は言論の自由を求めて闘った。

The youth of the country once (fought / of / for / freedom / speech).

_____

□ **(5)** 考古学者のグループはその動物の化石を探し求めていた。

The group of archaeologists (a fossil / was / the animal / for / of / hunting).

_____

□ **(6)** 生徒会は生徒と教師の公開討論を求めた。

The student council (students and teachers / called / between / for / an open discussion).

_____

□ **(7)** 男女平等を求める組合は雇用と賃金の公平性を支持している。

The association for gender equality (for / stands / and / fairness / hiring / wages / in).

_____

□ **(8)** 睡眠不足は深刻な健康上の問題につながりうる。

A lack of sleep (to / can / health problems / lead / serious).

_____

□ **(9)** 健康的な食習慣はきっと長生きにつながるでしょう。

Healthy eating habits (long life / to / surely contribute).

_____

□ **(10)** その会社の負債は結局100億ドルに達した。

The company's debt (10 billion dollars / to / eventually amounted).

_____

4 ››› SV on *A* / SV with *A*

ドリル
1 2 3 4
英語の青色の部分の訳を下に書きましょう。
答えは 右ページ で確認しましょう。

SV on *A* 「Aに頼る・Aに集中する」のグループ

181 □ **rely on** *A* Aに頼る，依存する	Japan relies on imports for food. 日本は_____。
182 □ **count on** *A* Aに頼る，Aを当てにする	I'm counting on you. 私は_____。
183 □ **focus on** *A* Aに集中する	Focus on one thing at a time. 一度に_____。

SV with *A* 「Aと仲良くする・対立する」のグループ

184 □ **compete with** *A* Aと競争する，競合する	The two companies were competing with each other. その2社は_____。
185 □ **conflict with** *A* Aと対立する	His opinion sometimes conflicts with hers. 彼の意見は時に_____ことがある。
186 □ **argue with** *A* A(主張など)に反論する，A(人)と言い争う	He will not argue with your opinion. 彼は_____でしょう。
187 □ **compare with** *A* Aに匹敵する	I cannot compare with her in chemistry. 私は_____。
188 □ **catch up with** *A* Aに追いつく ✎ 活用 catch-caught-caught	I couldn't catch up with him as he ran fast. 私は彼が速く走ったので_____。
189 □ **deal with** *A* Aに対処する ✎ 活用 deal-dealt-dealt	We have to deal with the problem. 私たちは_____。
190 □ **cope with** *A* Aに対処する	I can cope with the stress. 私は_____。

次の日本語を英語にするとき，空所に適語を補いましょう。
答えは音声や 左ページ で確認しましょう。

K181
〜
K190

☐ (1) 日本は食料を輸入に頼っている。

✎ Japan r＿＿＿＿＿＿＿＿ o＿＿＿＿＿＿＿＿ imports for food.

☐ (2) 私はあなたを頼りにしています。

I'm c＿＿＿＿＿＿＿ o＿＿＿＿＿＿＿ you.

☐ (3) 一度に一つのことに集中しなさい。

F＿＿＿＿＿＿＿ o＿＿＿＿＿＿＿ one thing at a time.

☐ (4) その2社は互いに競争していた。

The two companies were com＿＿＿＿＿ w＿＿＿＿＿ each other.

☐ (5) 彼の意見は時に彼女の意見と対立することがある。

His opinion sometimes con＿＿＿＿＿ w＿＿＿＿＿ hers.

☐ (6) 彼はあなたの意見に反論しないでしょう。

He will not a＿＿＿＿＿＿ w＿＿＿＿＿ your opinion.

☐ (7) 私は化学では彼女にかなわない。

I cannot c＿＿＿＿＿ w＿＿＿＿＿ her in chemistry.

こちらもCheck! ▶ compare : 228

☐ (8) 私は彼が速く走ったので（彼に）追いつけなかった。

I couldn't c＿＿＿＿＿ u＿＿＿＿＿ w＿＿＿＿＿ him as he ran fast.

☐ (9) 私たちはその問題に対処しなくてはならない。

We have to de＿＿＿＿＿ w＿＿＿＿＿ the problem.

☐ (10) 私はストレスに対処できる。

I can c＿＿＿＿＿ w＿＿＿＿＿ the stress.

Chapter
5

☐ (1) **You can rely on me** if you need some help.

✎ 助けが必要だったら, _____。

☐ (2) We can **count on the bonus I will get** next month.

私たちは来月に_____できる。

✎ bonus 名 ボーナス, 特別賞与

☐ (3) We **should focus on studying** for the college entrance examinations.

私たちは大学入学試験の_____。

☐ (4) We **have been competing with each other** since we were children.

私たちは子どもの頃から, _____。

☐ (5) Communism **has been conflicting with capitalism** for many years.

共産主義は長年, _____。

✎ communism 名 共産主義／capitalism 名 資本主義

☐ (6) We **can't argue with the fact** that no one can live without money.

私たちは誰もがお金がないと生きていけないという_____。

☐ (7) The winter cold in Tokyo **cannot compare with that in Hokkaido**.

東京の冬の寒さは_____。

☐ (8) You **have to catch up with your classmates** before it's too late.

あなたは, 手遅れになる前に_____。

✎ be too late 手遅れである

☐ (9) We **have to deal with the problem of traffic jams** in the city center.

私たちは市の中心部の_____。

✎ traffic jam 交通渋滞／city center 市の中心部

☐ (10) People these days seem to **have learned to cope well with** their stress.

近頃の人々はストレス_____ようだ。

✎ these days 近頃の, 今どきの

ドリル 4 応用 123 日本語に合うように，英語を並べ替えて文を完成させましょう。
答えは音声や 左ページ で確認しましょう。

☐ **(1)** 助けが必要だったら，私に頼ってもいいよ。

(me / you / rely / can / on) if you need some help.

文頭は
大文字！
_____

☐ **(2)** 私たちは来月に私がもらうボーナスを当てにできる。

We can (count / will get / the bonus / on / I) next month.

_____

☐ **(3)** 私たちは大学入学試験の勉強に集中すべきだ。

(focus / we / should / for / on / studying) the college entrance examinations.

_____

☐ **(4)** 私たちは子どもの頃から，ずっとお互いに競い合っている。

We (have / each other / been / competing / with) since we were children.

_____

☐ **(5)** 共産主義は長年，資本主義と対立してきた。

Communism (capitalism / been / conflicting / has / with) for many years.

_____

☐ **(6)** 私たちは誰もがお金がないと生きていけないという事実に反論できない。

We can't (that / argue / the fact / with) no one can live without money.

_____

☐ **(7)** 東京の冬の寒さは北海道のもの［冬の寒さ］にはかなわない。

The winter cold in Tokyo (cannot / in / that / Hokkaido / with / compare).

_____

☐ **(8)** あなたは，手遅れになる前にクラスメートに追いつかなくてはならない。

(have to / with / you / catch up) your classmates before it's too late.

_____

☐ **(9)** 私たちは市の中心部の交通渋滞の問題に対処しなくてはならない。

We have to (the problem of / deal / traffic jams / with) in the city center.

_____

☐ **(10)** 近頃の人々はストレスにうまく対処できるようになったようだ。

People these days seem to (to cope / their stress / well / with / have learned).

_____

5 ››› SV *A* as *B* / SV *A* for *B*

ドリル **1** 2 3 4　英語の青色の部分の訳を下に書きましょう。
答えは 右ページ で確認しましょう。

SV *A* as *B*「A＝Bだと思う・言う・感じる」のグループ

191 **look on[upon]** *A* **as** *B*
AをBだとみなす，考える

He looks on her as a genius.
彼は＿＿＿＿＿＿＿＿＿＿＿＿＿＿＿＿＿。

192 **refer to** *A* **as** *B*
AをBと呼ぶ

Everyone refers to this rule as Newton's law.
皆が＿＿＿＿＿＿＿＿＿＿ニュートンの法則＿＿＿＿＿。

193 **regard** *A* **as** *B*
AをBとみなす，考える

I regard his behavior as rude.
私は＿＿＿＿＿＿＿＿＿＿＿＿＿＿＿。

194 **see** *A* **as** *B*
AをBと思う，考える

She saw the custom as out of date.
彼女は＿＿＿＿＿＿＿＿＿＿＿＿＿。

195 **think of** *A* **as** *B*
AをBと思う，考える

Don't think of me as an enemy.
＿＿＿＿＿＿＿＿＿＿＿ないで。

SV *A* for *B*「AとBを交換する・Bの理由でAを褒める／責める／許す」のグループ

196 **exchange** *A* **for** *B*
AをBと交換する

I exchanged yen for dollars.
私は＿＿＿＿＿＿＿＿＿＿＿＿＿。

197 **take** *A* **for** *B*
AをBと思う

I took him for an American from his accent.
私は彼の訛りから＿＿＿＿＿＿＿＿＿＿＿。

198 **mistake** *A* **for** *B*
AをBとまちがえる
活用 mistake-mistook-mistaken

I mistook him for his brother.
私は＿＿＿＿＿＿＿＿＿＿＿＿＿。

199 **substitute** *A* **for** *B*
AをBの代わりに使う，BをAで代用する

She substituted margarine for butter.
彼女は＿＿＿＿＿＿＿＿＿＿＿＿。

200 **praise** *A* **for** *B*
BのことでAを称賛する，褒める

I praise her for her creativity.
私は＿＿＿＿＿＿＿＿＿＿＿＿＿。

→ **5**-**6**に続きます。

ドリル **2** 次の日本語を英語にするとき，空所に適語を補いましょう。
1 **2** 3 4 答えは音声や 左ページ で確認しましょう。

K191
〜
K200

☐ **(1)** 彼は彼女を天才だとみなしている。

He l_____ o_____ her a_____ a genius.

こちらも Check! ▶ look : 011, 153, 171

☐ **(2)** 皆がこのルールをニュートンの法則と呼ぶ。

Everyone r_____ t_____ this rule a_____ Newton's law.

✎ Newton's law　ニュートンの法則
こちらも Check! ▶ refer : 297

☐ **(3)** 私は彼の態度を失礼だと考えている。

I r_____ his behavior a_____ rude.

✎ このas(前置詞)は実質「＝(イコール)」の意味なので，**SVOC**の**C**と同じで，regard *A* as *B* の *B* の位置に形容詞がくることがある。

☐ **(4)** 彼女はその慣習を時代遅れだと思っていた。

She s_____ the custom a_____ out of date.

こちらも Check! ▶ see : 071

☐ **(5)** 私を敵だと思わないで。

Don't t_____ o_____ me a_____ an enemy.

こちらも Check! ▶ think : 059, 307, 315

☐ **(6)** 私は円をドルに交換した。

I e_____ yen f_____ dollars.

☐ **(7)** 私は彼の訛りから彼をアメリカ人だと思った。

I t_____ him f_____ an American from his accent.

こちらも Check! ▶ take : 046, 135

☐ **(8)** 私は彼を彼の兄［弟］とまちがえた。

I m_____ him f_____ his brother.

☐ **(9)** 彼女はマーガリンをバターの代わりに使った。

She s_____ margarine f_____ butter.

✎ margarine 名 マーガリン

☐ **(10)** 私は創造力のことで彼女を［→彼女の創造力を］称賛している。

I p_____ her f_____ her creativity.

Chapter **5**

ドリル **3** 1 2 4

応用

英語の青色の部分の訳を下に書きましょう。
答えは 右ページ で確認しましょう。

☐ (1) My girlfriend seems to look on me as a future husband.

　　🖉 私のガールフレンドは＿＿＿＿＿＿＿＿＿＿＿＿＿＿＿＿＿＿＿＿＿ようだ。

☐ (2) Some students refer to the teacher as a walking dictionary.

　　＿＿＿＿＿＿＿＿＿＿＿＿＿＿＿＿＿＿＿＿＿＿＿＿＿生徒もいる。

☐ (3) She regards honesty as the best policy.

　　彼女は＿＿＿＿＿＿＿＿＿＿＿＿＿＿＿＿＿＿＿＿＿＿＿＿＿＿＿。
　　　　　　　　　　　　　　　　　　　　🖉 best policy　最善の策

☐ (4) We see her as conservative from her way of thinking.

　　私たちは彼女の考え方から，＿＿＿＿＿＿＿＿＿＿＿＿＿＿＿＿＿＿。
　　　　　　　　　　　　　　　　　　　　🖉 conservative 形 保守的な

☐ (5) Nowadays, many people think of education as the most important thing.

　　近頃は，多くの人々が＿＿＿＿＿＿＿＿＿＿＿＿＿＿＿＿＿＿＿＿。

☐ (6) You cannot exchange this broken printer for a new one without a receipt.

　　領収書なしには＿＿＿＿＿＿＿＿＿＿＿＿＿＿＿＿＿＿＿できません。
　　　　　　　　　　　　　　　　　　　　🖉 receipt 名 領収書

☐ (7) At first, everyone on the opposing team took me for the captain of my team.

　　最初，相手チームの誰もが＿＿＿＿＿＿＿＿＿＿＿＿＿＿＿＿＿＿＿。
　　　　　　　　　　　　🖉 at first　最初（は）／opposing team　相手［敵］チーム

☐ (8) He mistook an English-English dictionary for an English-Japanese one.

　　彼は＿＿＿＿＿＿＿＿＿＿＿＿＿＿＿＿＿＿＿＿＿＿＿＿＿＿＿＿。
　　　　　　　　　　　　　　　　🖉 English-English dictionary　英英辞典

☐ (9) You cannot substitute mechanical pencils for regular pencils during the exam.

　　試験中，＿＿＿＿＿＿＿＿＿＿＿＿＿＿＿＿＿＿＿＿＿＿ことはできません。
　　　　　　　　🖉 mechanical pencil　シャープペンシル／regular 形 普通の（本文では訳出の必要なし）

☐ (10) She was praised for succeeding in her mission.

　　彼女は＿＿＿＿＿＿＿＿＿＿＿＿＿＿＿＿＿＿＿＿＿＿＿＿＿＿＿。
　　　　　　　　　　　　　　　　　　　　🖉 mission 名 任務，使命

日本語に合うように，英語を並べ替えて文を完成させましょう。
答えは音声や 左ページ で確認しましょう。

Y191
〜
Y200

□ **(1)** 私のガールフレンドは私のことを将来の夫と考えているようだ。

My girlfriend seems to (a future husband / on / look / me / as).

文頭は
大文字！ _____

□ **(2)** その先生を生き字引（歩く辞書）と呼ぶ生徒もいる。

Some students (to / as / the teacher / refer / a walking dictionary).

_____

□ **(3)** 彼女は正直が一番だと考えている。

She (as / regards / the best policy / honesty).

_____

Chapter
5

□ **(4)** 私たちは彼女の考え方から，彼女を保守的だと思っている。

We (see / as / conservative / her / from) her way of thinking.

_____

□ **(5)** 近頃は，多くの人々が教育を最も重要なものだと考えている。

Nowadays, many people (the / think / important / most / education / as / of / thing).

_____

□ **(6)** 領収書なしにはこの壊れたプリンタを新品と交換できません。

You cannot (a new one / for / this broken printer / exchange) without a receipt.

_____

□ **(7)** 最初，相手チームの誰もが私を私のチームのキャプテンだと思った。

At first, everyone on the opposing team (my team / me / took / the captain of / for).

_____

□ **(8)** 彼は英英辞典を英和辞典とまちがえた。

(an English-English dictionary / he / for / mistook) an English-Japanese one.

_____

□ **(9)** 試験中，シャープペンシルを鉛筆の代わりに使うことはできません。

You cannot (regular pencils / substitute / during / for / mechanical pencils) the exam.

_____

□ **(10)** 彼女は任務に成功したことで褒められた。

She (was / succeeding / praised / for / in) her mission.

_____

6 ››› SV *A* for *B* / SV *A* from *B*

ドリル **1** 2 3 4　英語の青色の部分の訳を下に書きましょう。
答えは 右ページ で確認しましょう。

→ **5**-5 の続きです。

---

201 **blame *A* for *B***
☐ BのことでAを責める

She blamed me for my careless mistake.

彼女は＿＿＿＿＿＿＿＿＿＿＿＿＿＿＿＿＿＿＿＿＿＿＿＿＿＿。

202 **punish *A* for *B***
☐ BのことでAを罰する

He punished her for skipping class.

彼は授業をサボったことで＿＿＿＿＿＿＿＿＿＿＿＿＿＿＿＿＿＿。

203 **excuse *A* for *B***
☐ AのBを許す

The teacher excused me for being late.

その先生は＿＿＿＿＿＿＿＿＿＿＿＿＿＿＿＿＿＿＿てくれた。

204 **forgive *A* for *B***
☐ BのことでAを許す
✎ 活用 forgive-forgave-forgiven

I won't forgive you for breaking the rule.

私は＿＿＿＿＿＿＿＿＿＿＿＿＿＿＿＿＿＿＿つもりはありません。

SV *A* from *B* 「AをBから離す→AをBと分ける」のグループ

205 **discourage *A* from *B***
☐ AがBするのを思いとどまらせる

He discouraged me from studying abroad.

彼は＿＿＿＿＿＿＿＿＿＿＿＿＿＿＿＿＿＿＿＿＿＿＿＿＿＿。

206 **keep *A* from *B***
☐ AがBするのを妨げる

The illness kept me from traveling abroad.

その病気は＿＿＿＿＿＿＿＿＿＿＿＿＿＿＿＿＿＿＿＿＿＿。

207 **prevent *A* from *B***
☐ AがBするのを妨げる

Heavy rain prevented us from going out.

大雨は＿＿＿＿＿＿＿＿＿＿＿＿＿＿＿＿＿＿＿＿＿＿＿＿。

208 **prohibit *A* from *B***
☐ AがBするのを禁じる

The law prohibits us from smoking before the age of 20.

その法律は20歳未満で＿＿＿＿＿＿＿＿＿＿＿＿＿＿＿＿＿＿。

209 **tell *A* from *B***
☐ AをBと区別する

You should be able to tell right from wrong.

あなたは＿＿＿＿＿＿＿＿＿＿＿＿＿＿＿＿＿＿＿できるべきだ。

210 **distinguish *A* from *B***
☐ AをBと区別する

She is able to distinguish real leather from fake leather.

彼女は＿＿＿＿＿＿＿＿＿＿＿＿＿＿＿＿＿＿＿＿＿できる。

ドリル 2 1**2**3 4 （キソ）　次の日本語を英語にするとき，空所に適語を補いましょう。
答えは音声や〈左ページ〉で確認しましょう。

K201 ～ K210

☐ **(1)** 彼女は不注意なまちがいのことで私を責めた。

✎ She b＿＿＿＿＿＿＿ me f＿＿＿＿＿＿＿ my careless mistake.

☐ **(2)** 彼は授業をサボったことで彼女を罰した。

He p＿＿＿＿＿＿＿ her f＿＿＿＿＿＿＿ skipping class.

✎ skip class　授業をサボる

☐ **(3)** その先生は私が遅刻したことを許してくれた。

The teacher e＿＿＿＿＿＿＿ me f＿＿＿＿＿＿＿ being late.

☐ **(4)** 私はあなたがその規則を破ったことを許すつもりはありません。

I w＿＿＿＿＿＿＿ f＿＿＿＿＿＿＿ you f＿＿＿＿＿＿＿ breaking the rule.

☐ **(5)** 彼は私が留学するのを思いとどまらせた。

He d＿＿＿＿＿＿＿ me f＿＿＿＿＿＿＿ studying abroad.

☐ **(6)** その病気は私が外国旅行するのを妨げた。

The illness k＿＿＿＿＿＿＿ me f＿＿＿＿＿＿＿ traveling abroad.

こちらもCheck! ▶ keep：008, 076

☐ **(7)** 大雨は私たちが外出するのを妨げた。

Heavy rain p＿＿＿＿＿＿＿ us f＿＿＿＿＿＿＿ going out.

☐ **(8)** その法律は20歳未満で私たちが喫煙するのを禁じている。

The law p＿＿＿＿＿＿＿ us f＿＿＿＿＿＿＿ smoking before the age of 20.

☐ **(9)** あなたは正しいことと悪いことを区別できるべきだ。

You should be able to t＿＿＿＿＿＿＿ right f＿＿＿＿＿＿＿ wrong.

こちらもCheck! ▶ tell：028, 082, 294

☐ **(10)** 彼女は本物の革と偽物の革を区別できる。

She is able to d＿＿＿＿＿＿＿ real leather f＿＿＿＿＿＿＿ fake leather.

英語の青色の部分の訳を下に書きましょう。

答えは 右ページ で確認しましょう。

☐ **(1)** Passengers blamed the bus company for the traffic accident.

✎ 乗客は＿＿＿＿＿＿＿＿＿＿＿＿＿＿＿＿＿＿＿＿＿＿＿＿＿＿＿＿＿＿＿＿＿。

☐ **(2)** The man was punished for stealing money.

その男は＿＿＿＿＿＿＿＿＿＿＿＿＿＿＿＿＿＿＿＿＿＿＿＿＿＿＿＿＿＿＿＿＿。

☐ **(3)** Excuse me for interrupting you, but could you give me a moment?

＿＿＿＿＿＿＿＿＿＿＿＿＿＿＿＿＿＿＿＿＿が，少しお時間をくださいますか。

✎ interrupt 動 O を邪魔する

☐ **(4)** My coach forgave me for making mistakes during the game.

私のコーチは＿＿＿＿＿＿＿＿＿＿＿＿＿＿＿＿＿＿＿＿＿＿＿＿＿＿＿＿＿＿＿。

☐ **(5)** The recession has discouraged people from investing in stocks.

景気の後退によって＿＿＿＿＿＿＿＿＿＿＿＿＿＿＿＿＿＿＿＿＿＿＿＿＿＿＿＿。

✎ recession 名 景気後退，不景気／invest in A A に投資する／stock 名 株式

✎ 無生物主語の文。The recession が副詞的に訳されているので，people「人々」を主語にして訳すとうまくいきます。

☐ **(6)** Heavy snow kept us from going out.

＿＿＿＿＿＿＿＿＿＿＿＿＿＿＿＿＿＿＿＿＿＿＿＿＿＿＿＿＿＿＿＿＿＿＿＿＿。

☐ **(7)** The doctors' quick treatment prevented the cancer from worsening.

その医師たちの素早い治療は＿＿＿＿＿＿＿＿＿＿＿＿＿＿＿＿＿＿＿＿＿＿＿＿＿。

✎ treatment 名 治療，処置／cancer 名 がん／worsen 動 悪化する

☐ **(8)** The law prohibits us from insulting others even online.

その法律はネット上であっても，＿＿＿＿＿＿＿＿＿＿＿＿＿＿＿＿＿＿＿＿＿＿＿。

✎ insult 動 O を侮辱する

☐ **(9)** It is difficult for even my friends to tell me from my twin brother.

私の友人でさえも＿＿＿＿＿＿＿＿＿＿＿＿＿＿＿＿＿＿＿＿＿＿＿＿＿＿＿＿＿＿。

✎ twin 形 双子の

☐ **(10)** Young children sometimes cannot distinguish fact from fiction.

幼い子どもたちは時に，＿＿＿＿＿＿＿＿＿＿＿＿＿＿＿＿＿＿＿＿＿＿＿＿＿＿＿。

✎ fiction 名 虚構，作り話

ドリル **4** 応用 日本語に合うように，英語を並べ替えて文を完成させましょう。
123 答えは音声や 左ページ で確認しましょう。

Y201
〜
Y210

□ **(1)** 乗客はその交通事故のことでバス会社を責めた。

Passengers (the traffic accident / for / the bus company / blamed).

文頭は
大文字！
_____

□ **(2)** その男はお金を盗んだことで罰せられた。

(for / stealing money / was / punished / the man).

_____

□ **(3)** お邪魔をして申し訳ありませんが，少しお時間をくださいますか。

(you / me / excuse / for / interrupting), but could you give me a moment?

_____

□ **(4)** 私のコーチは私が試合中にミスしたことを許してくれた。

My coach (forgave / making / me / during / for / mistakes) the game.

_____

□ **(5)** 景気の後退によって人々は株に投資するのを思いとどまっている。

The recession (people / stocks / has / from / in / discouraged / investing).

_____

□ **(6)** 大雪のせいで私たちは外出できなかった。

(going / heavy snow / us / kept / out / from).

_____

□ **(7)** その医師たちの素早い治療はがんが悪化するのを防いだ。

The doctors' quick treatment (worsening / from / the / prevented / cancer).

_____

□ **(8)** その法律はネット上であっても，私たちが他人を侮辱することを禁じている。

(us / insulting / prohibits / from / others / the law) even online.

_____

□ **(9)** 私の友人でさえも私と双子の兄［弟］を区別するのは難しい。

It is difficult for even my friends (twin brother / to / me / from / tell / my).

_____

□ **(10)** 幼い子どもたちは時に，現実と虚構を区別できない。

Young children sometimes (from / cannot / fiction / fact / distinguish).

_____

7 ››› SV *A* of *B* / SV *A* to *B*

ドリル
1 2 3 4

英語の青色の部分の訳を下に書きましょう。

答えは 右ページ で確認しましょう。

SV *A* of *B* 「AのBをとる」のグループ

211 **rob** *A* **of** *B*

□ AからB(具体物)を奪う

He robbed me of my wallet.

彼は_____。

212 **deprive** *A* **of** *B*

□ AからB(抽象物)を奪う

The illness deprived her of the chance.

その病気が_____。

213 **cure** *A* **of** *B*

□ AのB(病気, けが)を治す

The doctor cured him of his illness.

その医師が_____。

SV *A* to *B* 「AをBに向ける」のグループ

214 **adapt** *A* **to** *B*

□ AをBに適合させる, 適応させる

She easily adapted herself to her new school.

彼女は簡単に_____。

215 **add** *A* **to** *B*

□ AをBに足す

She added milk to her coffee.

彼女は_____。

216 **apply** *A* **to** *B*

□ AをBに適用する, 当てはめる

You can apply this approach to this math question.

あなたは_____。

217 **devote** *A* **to** *B*

□ AをBに捧げる

He devoted his life to helping the poor.

彼は_____。

218 **owe** *A* **to** *B*

□ AはBのおかげである

I owe **my** success to my parents.

私の_____。

219 **attach** *A* **to** *B*

□ AをBに添付する, くっつける

Please attach your photo to this form.

_____ください。

次の日本語を英語にするとき，空所に適語を補いましょう。
答えは音声や〈左ページ〉で確認しましょう。

K211
〜
K219

☐ (1) 彼は私から財布を奪った。

✎ He r_____ m_____ o_____ my wallet.

☐ (2) その病気が彼女のチャンスを奪った。

The illness d_____ h_____ o_____ the chance.

☐ (3) その医師が彼の病気を治した。

The doctor c_____ h_____ o_____ his illness.

☐ (4) 彼女は簡単に自分を新しい学校に適応させた［→新しい学校に適応した］。

She easily a_____ h_____ t_____ her new school.

☐ (5) 彼女はミルクをコーヒーに足した。

She a_____ m_____ t_____ her coffee.

☐ (6) あなたはこのアプローチをこの数学の問題に当てはめられる。

You can ap_____ this a_____ t_____ this math question.

☐ (7) 彼は貧しい人を助けるのに生涯を捧げた。

He dev_____ his l_____ t_____ helping the poor.

☐ (8) 私の成功は両親のおかげだ。

I o_____ my success t_____ my parents.

こちらもCheck! ▶ owe : 049

☐ (9) この用紙にあなたの写真を添付してください。

Please at_____ your photo t_____ this form.

Hints!

oweという動詞の語法について見てみましょう。ちょっとややこしいですが，次の2つのカタチ・意味があります。「人」「モノ」の順番と，書き換えに注意しましょう。
(1) owe ＋ 人 ＋ 金銭など何らかの「借り」＝ owe ＋ 金銭など ＋ to ＋ 人
　　「人に金銭などを借りている，人に金銭などの借りがある」
(2) owe ＋ 事・モノ ＋ to ＋ 人 ＝ owe ＋ 人 ＋ 事・モノ
　　「事・モノは人のおかげである」

英語の青色の部分の訳を下に書きましょう。
答えは 右ページ で確認しましょう。

☐ (1) An old lady was robbed of her bag on the street.

✐ 1人の年老いた婦人が＿＿＿＿＿＿＿＿＿＿＿＿＿＿＿＿＿＿＿＿＿＿。

☐ (2) The scandal deprived the comedian of his chance to act in the drama.

スキャンダルのせいで＿＿＿＿＿＿＿＿＿＿＿＿＿＿＿＿＿＿＿＿。

✎ comedian 名 コメディアン，お笑い芸人

☐ (3) Thanks to the operation, he was cured of his cancer.

その手術のおかげで，＿＿＿＿＿＿＿＿＿＿＿＿＿＿＿＿＿＿。

✎ thanks to A Aのおかげで／cancer 名 がん

☐ (4) I am good at adapting myself to any situation.

私は＿＿＿＿＿＿＿＿＿＿＿＿＿＿＿＿＿＿＿＿＿＿＿＿＿。

✎ be good at A Aが上手だ

☐ (5) You should add some salt to the soup before you cook it.

火を通す前に，＿＿＿＿＿＿＿＿＿＿＿＿＿＿＿＿＿＿＿＿。

✎ cook 動 Oに火を通す

☐ (6) I would like to apply my experience to supporting the earthquake's victims.

私は＿＿＿＿＿＿＿＿＿＿＿＿＿＿＿＿＿＿＿＿＿たいと思う。

✎ victim 名 被害者

☐ (7) They devoted their youth to traveling all over Japan.

彼らは＿＿＿＿＿＿＿＿＿＿＿＿＿＿＿＿＿＿＿＿＿＿＿＿。

✎ all over A Aのあちこちへ，Aの至る所に

☐ (8) I owe what I am to all the English teachers I have ever met.

＿＿＿＿＿＿＿＿＿＿＿＿＿＿＿＿＿＿＿＿＿＿＿＿＿＿＿。

✎ what I am 今の私

☐ (9) He attached some photos he took in Hokkaido to the email.

彼はEメールに＿＿＿＿＿＿＿＿＿＿＿＿＿＿＿＿＿＿＿＿。

日本語に合うように，英語を並べ替えて文を完成させましょう。
答えは音声や 左ページ で確認しましょう。

Y211
〜
Y219

□ (1) 1人の年老いた婦人が路上でバッグを奪われた。

An old lady (her bag / on the street / was / robbed of).

文頭は
大文字！

_____

□ (2) スキャンダルのせいでそのコメディアンはドラマに出演する機会を失った。

The scandal (to act / deprived / of / his chance / in the drama / the comedian).

_____

□ (3) その手術のおかげで，彼はがんが治った。

Thanks to the operation, (he / his cancer / was / of / cured).

_____

□ (4) 私は自分をどんな状況にも適応させるのが得意だ。

I am (to / adapting / good / at / myself) any situation.

_____

□ (5) 火を通す前に，塩を少しスープに足すべきです。

(add / should / you / some salt / to) the soup before you cook it.

_____

□ (6) 私は自分の経験をその地震の被害者支援に使い［生かし］たいと思う。

I would like to (apply / supporting / to / my experience) the earthquake's victims.

_____

□ (7) 彼らは青春時代を日本各地を旅することに捧げた。

(to / devoted / their youth / they / traveling) all over Japan.

_____

□ (8) 私が今あるのは，これまで出会ったすべての英語の先生のおかげだ。

I (to / all the English teachers / owe / what I am) I have ever met.

_____

□ (9) 彼はEメールに北海道で撮った写真を添付した。

He (he took / the email / attached / in Hokkaido / to / some photos).

_____

Chapter

5

8 ››› SV *A* into *B* / SV *A* with *B*

ドリル 1234

英語の青色の部分の訳を下に書きましょう。

答えは 右ページ で確認しましょう。

SV *A* into *B*「AをBの中に入れる／AをBに変える」のグループ

220 **put *A* into *B***

☐ ①AをBの中に入れる　②AをBに変える

🖉 活用 put-put-put　🖉「AをBに翻訳する」の意味もある。

He put his toys into the box.　　🖉英文は①です。

彼は＿＿＿＿＿＿＿＿＿＿＿＿＿＿＿＿＿＿＿＿＿＿。

221 **translate *A* into *B***

☐ AをBに翻訳する　　　　　= put *A* into *B*

Translate the English into Japanese.

＿＿＿＿＿＿＿＿＿＿＿＿＿＿＿＿＿＿＿＿＿＿＿＿。

222 **turn *A* into *B***

☐ AをBに変える，変化させる

The magician turned a card into a bird.

その手品師は＿＿＿＿＿＿＿＿＿＿＿＿＿＿＿＿＿。

SV *A* with *B*「AにBを備える／与える」のグループ

223 **equip *A* with *B***

☐ AにBを備え付ける

We equipped our office with new computers.

私たちは＿＿＿＿＿＿＿＿＿＿＿＿＿＿＿＿＿＿＿＿。

224 **fill *A* with *B***

☐ AをBで満たす

He filled the glass with wine.

彼は＿＿＿＿＿＿＿＿＿＿＿＿＿＿＿＿＿＿＿＿＿＿。

225 **present *A* with *B***

☐ AにBを与える，贈る

They presented us with an award.

彼らは＿＿＿＿＿＿＿＿＿＿＿＿＿＿＿＿＿＿＿＿＿。

226 **provide *A* with *B***

☐ AにBを供給する，与える

The power station provides us with electricity.

その発電所は＿＿＿＿＿＿＿＿＿＿＿＿＿＿＿＿＿＿。

227 **supply *A* with *B***

☐ AにBを供給する，与える

The lake supplies the area with fresh water.

その湖は＿＿＿＿＿＿＿＿＿＿＿＿＿＿＿＿＿＿＿＿。

228 **compare *A* with *B***

☐ AをBと比べる

Compare this sentence with the next one.

この文を＿＿＿＿＿＿＿＿＿＿＿＿＿＿＿＿＿＿＿＿＿。

229 **connect *A* with *B***

☐ AをBとつなげる，関連付ける　= associate

The bridge connects Shikoku with the main island.

その橋は四国を＿＿＿＿＿＿＿＿＿＿＿＿＿＿＿＿＿。

ドリル **2** 1 3 4　次の日本語を英語にするとき，空所に適語を補いましょう。
答えは音声や 左ページ で確認しましょう。

K220
〜
K229

☐ **(1)** 彼は自分のおもちゃをその箱の中に入れた。

✎ He p_____ his t_____ i_____ the box.

こちらも Check! ▶ put：246

☐ **(2)** その英語を日本語に翻訳しなさい。

Tr_____ the English i_____ J_____.

☐ **(3)** その手品師は一枚のカードを一羽の鳥に変えた。

The magician tu_____ a card i_____ a bird.

こちらも Check! ▶ turn：005，019，166

Chapter
5

☐ **(4)** 私たちはオフィスに新しいコンピュータを備え付けた。

We e_____ our office w_____ new computers.

☐ **(5)** 彼はそのグラスをワインで満たした。

He f_____ the glass w_____ wine.

☐ **(6)** 彼らは私たちに賞を贈呈した。

They p_____ u_____ w_____ an award.

☐ **(7)** その発電所は私たちに電気を供給している。

The power station p_____ us w_____ e_____.

☐ **(8)** その湖はその地域に（新鮮な）水を供給している。

The lake s_____ the area w_____ fresh water.

☐ **(9)** この文を次の文と比べなさい。

C_____ this sentence w_____ the next one.

こちらも Check! ▶ compare：187

☐ **(10)** その橋は四国を本州とつないでいる。

The bridge c_____ Shikoku w_____ the main island.

✎ main island　本州

英語の青色の部分の訳を下に書きましょう。

答えは 右ページ で確認しましょう。

☐ **(1)** People with serious injuries were put into the ICU.

✎ 深刻なけがを負った人たちは＿＿＿＿＿＿＿＿＿＿＿＿＿＿＿＿＿＿＿＿＿＿＿＿。

✎ ICU(intensive care unit) 集中治療室

☐ **(2)** Will you translate this English article into French?

＿＿＿＿＿＿＿＿＿＿＿＿＿＿＿＿＿＿＿＿＿＿＿＿てもらえませんか。

☐ **(3)** The city turned the city hall into the city library.

その市は＿＿＿＿＿＿＿＿＿＿＿＿＿＿＿＿＿＿＿＿＿＿＿＿＿＿。

✎ city hall 市役所

☐ **(4)** The new hotel was equipped with fashionable furniture.

その新しいホテルは，＿＿＿＿＿＿＿＿＿＿＿＿＿＿＿＿＿＿＿＿＿＿＿。

✎ fashionable 形 はやりの

☐ **(5)** The room was filled with examinees taking an English proficiency test.

その部屋は英語の運用能力試験を受けている＿＿＿＿＿＿＿＿＿＿＿＿＿＿＿＿。

✎ examinee 名 受験者／proficiency 名 技量

☐ **(6)** He was presented with an Ig Nobel Prize for his funny research.

彼は彼のおかしな研究に対して，＿＿＿＿＿＿＿＿＿＿＿＿＿＿＿＿＿＿＿。

✎ Ig Nobel Prize イグノーベル賞(人々を笑わせ，考えさせてくれる研究に与えられる。)／funny 形 おかしな，滑稽(こっけい)な

☐ **(7)** The Internet provides us with the latest world news.

インターネットは＿＿＿＿＿＿＿＿＿＿＿＿＿＿＿＿＿＿＿＿＿＿＿＿。

✎ latest 形 最新の，最近の

☐ **(8)** Countries in the Middle East supply Japan with petroleum.

中東の国々は＿＿＿＿＿＿＿＿＿＿＿＿＿＿＿＿＿＿＿＿＿＿＿＿＿＿。

✎ petroleum 名 石油

☐ **(9)** Let me compare women's average income with men's in the US.

アメリカ合衆国における＿＿＿＿＿＿＿＿＿＿＿＿＿＿＿＿＿＿＿みましょう。

✎ average income 平均所得

☐ **(10)** We ought not to connect peoples' character with their ability to perform their work.

私たちは＿＿＿＿＿＿＿＿＿＿＿＿＿＿＿＿＿＿＿＿＿べきではない。

✎ character 名 性格

ドリル 123 4 応用　日本語に合うように，英語を並べ替えて文を完成させましょう。
答えは音声や 左ページ で確認しましょう。

Y220
〜
Y229

☐ **(1)** 深刻なけがを負った人たちは集中治療室に入れられた。

People (were / with / put into / serious injuries) the ICU.

文頭は
大文字！　_____

☐ **(2)** この英語の記事をフランス語に訳してもらえませんか。

Will you (French / this English article / translate / into)?

_____

☐ **(3)** その市は市役所を市立図書館に変えた［転用した］。

The city (turned / the city hall / the city library / into).

_____

☐ **(4)** その新しいホテルは，はやりの［おしゃれな］家具が備え付けられていた。

The new hotel (was / fashionable furniture / equipped / with).

_____

☐ **(5)** その部屋は英語の運用能力試験を受けている受験者でいっぱいだった。

The room (filled / examinees / was / with / taking) an English proficiency test.

_____

☐ **(6)** 彼は彼のおかしな研究に対して，イグノーベル賞を授与された。

He (with / presented / was / an Ig Nobel Prize) for his funny research.

_____

☐ **(7)** インターネットは私たちに世界の最新のニュースを供給［提供］している。

The Internet (provides / with / the latest / us / world news).

_____

☐ **(8)** 中東の国々は日本に石油を供給している。

(countries / supply / in the Middle East / Japan / with) petroleum.

_____

☐ **(9)** アメリカ合衆国における女性の平均所得と男性のもの［平均所得］を比べてみましょう。

Let me (women's average income / men's / compare / with) in the US.

_____

☐ **(10)** 私たちは人の性格と，その人が仕事を遂行する能力を関連付けるべきではない。

We ought not (with / to connect / their work / their ability / to perform /
peoples' character).

_____

Chapter 5

Chapter

6 不定詞と動名詞をとる動詞

　本章では，目的語に不定詞・動名詞の名詞句をとる動詞を学習していきます。大きく分けると，①不定詞（to *do*）のみを目的語にとる動詞，②動名詞（*doing*）のみを目的語にとる動詞，③不定詞・動名詞どちらも目的語にとる動詞（意味に違いアリ），④不定詞・動名詞どちらも目的語にとる動詞（意味に違いナシ）の４パターンがあります。本書ではこのうち①～③を学習していきます。（④は入試で問われる頻度が低いのと，概（おおむ）ねよく知られている動詞なのでここでは取り上げません。）

1　SV to *do* のカタチをとる動詞　　　　学習ページ ▶ p.114

　不定詞のみを目的語にとる動詞をまとめます。これらの動詞の基本的な意味はtoの持つイメージ「→（後ろにくる言葉の方に向かうイメージ）」から以下のようなものになります。

> **to *do*** 「これからすること」 未来 「する方に向かう」動詞に付くことが多い
>
> 例外
> - refuse to *do*　　～することを拒否する
> - hesitate to *do*　～することをためらう　　「しない方向」なのにto *do*。
> - cease to *do*　　　～しなくなる

2　SV *doing* のカタチをとる動詞　　　　学習ページ ▶ p.118

　動名詞のみを目的語にとる動詞をまとめています。

> ***doing*** 「もうしていること」 過去・現在 ①*doing*が表すのは過去だけではない。
> 「しない方に向かう」動詞に付くことが多い
>
> 例外
> - suggest *doing*　　～することを提案する　　「これからする」のに*doing*。
> - consider *doing*　～することを検討する

3　不定詞と動名詞で意味が異なる動詞　　　学習ページ ▶ p.122

　上に述べたto *do*と*doing*の意味の違いから，不定詞と動名詞の両方を目的語にとる動詞は，以下のように意味を判別します。forgetを例として見てみましょう。

forget to *do*　「(これから)〜することを忘れる」

例 Don't forget **to buy** some bread on your way home.

帰宅途中にパンを買ってくるのを忘れないでね。

forget *doing*　「(現在までに)〜したことを忘れる」

例 I will never forget **seeing** you.　あなたに会えたことを決して忘れないでしょう。

　要注意なのが**regret**「**後悔する**」という動詞です。「後悔」は終わったことにしかできませんね。regret *doing* は「〜したことを後悔する」で問題ありませんが，regret to *do* は日本語的に考えて「〜することを後悔する」とはできません。ではどうすればよいでしょうか。

　「これ絶対後から後悔しそうだな……」って思いながら何かをすることがありますよね。そんな感じです。これを無理やり日本語にして「**残念ながら〜する**」などと訳します。

番外編　不定詞と動名詞の主語はどう表す？

　不定詞と動名詞の重要事項である**「意味上の主語」**について学びましょう。不定詞や動名詞を使う場合，それらの主語を特に明示しない（書かない）場合は，**文のメインの主語と一致する**のが原則です。一般論なので主語を明示しない場合もあります。

(1) It is dangerous to swim in this river.　この川で泳ぐのは（みんな）危険だ。❗一般論

(2) I want to be a teacher.　私は（自分が）教師になりたい。
❗教師になりたいのも，実際教師になるのもI。メインの**S**と一致。

(3) I am proud of being a police officer.　私は（自分が）警察官であることを誇りに思っている。
❗誇りに思っているのも，実際に警察官なのもI。メインの**S**と一致。

　しかし，以下の文章ではどうでしょうか。

(1)′ It is dangerous for children to swim in this river.　子どもがこの川で泳ぐのは危険だ。
❗swimの主語を**for A**で示す。

(2)′ I want you to be a teacher.　私はあなたに教師になってほしい。
❗be a teacherの主語をwantの**目的語**（you）で示す。

(3)′ I am proud of my father being a police officer.　私は父が警察官であることを
誇りに思っている。
❗being a police officerの主語を**所有格**または**目的格**で示す。

　青字で示した部分が追加されたことにより，それぞれ**文のメインの主語と不定詞／動名詞の主語が違う**ことを示しています。不定詞の場合は**for / of A** to *do*，**SVO** to *do* のカタチで不定詞の主語（「意味上の主語」といいます）を表し，動名詞の場合は〈**所有格 or 目的格 +** *doing*〉のカタチで意味上の主語を表します。

1 ››› SV to *do* のカタチをとる動詞

ドリル **1** 2 3 4

英語の青色の部分の訳を下に書きましょう。

答えは 右ページ で確認しましょう。

SV to *do* は原則「これからする」ことを表す

| 230 | **decide to *do*** ~することを決める，決意する | He has decided to go there tomorrow. 彼は明日＿＿＿＿＿＿＿＿＿＿＿＿＿＿＿＿＿＿＿。 |

| 231 | **determine to *do*** ~することを決意する | We determined never to give up. 私たちは＿＿＿＿＿＿＿＿＿＿＿＿＿＿＿＿＿＿＿。 |

| 232 | **fail to *do*** ~しそこなう，~することに失敗する | I failed to wake up at six. 私は＿＿＿＿＿＿＿＿＿＿＿＿＿＿＿＿＿＿＿。 |

| 233 | **hope to *do*** ~することを望む | I hope to see you again soon. 私はまた＿＿＿＿＿＿＿＿＿＿＿＿＿＿＿＿＿。 |

| 234 | **manage to *do*** なんとかして~する | They managed to finish the task. 彼らは＿＿＿＿＿＿＿＿＿＿＿＿＿＿＿＿＿＿＿。 |

| 235 | **plan to *do*** ~する計画をする | I was planning to work in Tokyo. 私は東京で＿＿＿＿＿＿＿＿＿＿＿＿＿＿＿＿＿。 |

| 236 | **promise to *do*** ~することを約束する | She promised to be back by six. 彼女は6時までに＿＿＿＿＿＿＿＿＿＿＿＿＿＿＿。 |

| 237 | **refuse to *do*** ~することを拒む | He refused to apologize to me. 彼は＿＿＿＿＿＿＿＿＿＿＿＿＿＿＿＿＿＿＿。 |

| 238 | **tend to *do*** ~する傾向がある，~しがちである | We tend to stay up late on Fridays. 私たちは金曜日には＿＿＿＿＿＿＿＿＿＿＿＿＿＿。 |

| 239 | **hesitate to *do*** ~するのをためらう | She hesitates to travel alone. 彼女は一人で＿＿＿＿＿＿＿＿＿＿＿＿＿＿＿＿＿。 |

ドリル 2 (1 ② 3 4) 次の日本語を英語にするとき，空所に適語を補いましょう。
答えは音声や 左ページ で確認しましょう。

K230 〜 K239

□ **(1)** 彼は明日そこに行くことを決めている。

✎ He has dec＿＿＿＿＿ to g＿＿＿＿＿ there tomorrow.

□ **(2)** 私たちは決してあきらめないことを決意した。

We det＿＿＿＿＿ n＿＿＿＿＿ to g＿＿＿＿＿ up.

✎ 形容詞化した be determined to do「〜することを決意している」のカタチが頻出です。

□ **(3)** 私は6時に起きそこねた。

I f＿＿＿＿＿ t＿＿＿＿＿ w＿＿＿＿＿ up at six.

□ **(4)** 私はまたすぐあなたに会えることを望んでいます［→またすぐにお会いしましょう］。

I h＿＿＿＿＿ t＿＿＿＿＿ see you again soon.

こちらもCheck! ▶ hope：173

□ **(5)** 彼らはなんとかしてその作業を終えた。

They m＿＿＿＿＿ t＿＿＿＿＿ f＿＿＿＿＿ the task.

□ **(6)** 私は東京で働くつもりでいた。

I w＿＿＿＿＿ p＿＿＿＿＿ t＿＿＿＿＿ work in Tokyo.

□ **(7)** 彼女は6時までに戻ると約束した。

She p＿＿＿＿＿ to b＿＿＿＿＿ back by six.

□ **(8)** 彼は私に謝罪することを拒んだ。

He r＿＿＿＿＿ to a＿＿＿＿＿ to me.

□ **(9)** 私たちは金曜日には夜ふかしをしがちだ。

We t＿＿＿＿＿ t＿＿＿＿＿ s＿＿＿＿＿ up late on Fridays.

□ **(10)** 彼女は一人で旅行するのをためらっている。

She h＿＿＿＿＿ t＿＿＿＿＿ travel alone.

☐ (1) **I've decided to play the drums** in the band.

✎ 私はそのバンドで_____。

☐ (2) **I am determined to be** a professional editor.

私はプロの編集者_____。

✎ professional 形 プロの，専門家の

☐ (3) **Don't fail to mail this letter** on your way to school tomorrow.

明日，学校に行く途中で，_____。

✎ mail 動 O を郵便で送る，投函(とうかん)する／on one's way to A　A の途中に［で］

☐ (4) I really **hope to succeed in the coming debate contest**.

私は本当に，_____。

✎ coming 形 近づいている，次の／debate 名 ディベート，討論会

☐ (5) He **managed to avoid becoming involved in the quarrel**.

彼は_____。

✎ quarrel 名 口論／be involved in A　A に巻き込まれる，関係している

☐ (6) The government **is planning to raise the consumption tax rate**.

政府は_____。

✎ raise 動 (価格など)を引き上げる／consumption tax rate　消費税率

☐ (7) **I promise to tell you the truth** if you can keep a secret.

あなたが秘密を守れるなら_____。

✎ keep a secret　秘密を守る

☐ (8) I **refused to accept his offer** to go on a date.

私は，デートに行こうという_____。

✎ go on a date　デートに出かける

☐ (9) People **tend to believe what is reported through the mass media**.

人は_____。

✎ report 動 O を報道する／the mass media　マスメディア

☐ (10) **Please do not hesitate to ask me** if you need help.

もし助けが必要であれば，_____。

ドリル **4** 応用 1 2 3

日本語に合うように，英語を並べ替えて文を完成させましょう。
答えは音声や 左ページ で確認しましょう。

Y230 〜 Y239

□ **(1)** 私はそのバンドで**ドラムを演奏することを決めた**。
I've (decided / the drums / play / to) in the band.

文頭は
大文字！

_____

□ **(2)** 私は**プロの編集者になることを決意している**。
I (be / am / to / determined) a professional editor.

_____

□ **(3)** 明日，学校に行く途中で，**必ずこの手紙を投函してね**。
(this letter / don't / mail / fail / to) on your way to school tomorrow.

_____

□ **(4)** 私は本当に，**次のディベート・コンテストで成功することを望んでいる**。
I really (hope / in / to / succeed) the coming debate contest.

_____

□ **(5)** 彼は**なんとかして口論に巻き込まれるのを回避した**。
He (managed / avoid / to / becoming) involved in the quarrel.

_____

□ **(6)** 政府は**消費税率を上げることを計画している**。
The government (the consumption tax / raise / is / planning / to) rate.

_____

□ **(7)** あなたが秘密を守れるなら**私はあなたに真実を話すと約束します**。
(you / tell / I / promise / to / the truth) if you can keep a secret.

_____

□ **(8)** 私は，デートに行こうという**彼の申し出を受けることを拒んだ**。
(I / his offer / to / refused / accept) to go on a date.

_____

□ **(9)** 人は**マスメディアを通じて報道されることを信じる傾向がある**。
People (believe / tend to / through / what is reported) the mass media.

_____

□ **(10)** もし助けが必要であれば，**私に頼むことをためらわないで**[→遠慮せずに私に頼んで]ください。
Please do not (ask / hesitate / me / to) if you need help.

_____

Chapter 6

2 >>> SV *doing* のカタチをとる動詞

ドリル **1** 2 3 4 英語の青色の部分の訳を下に書きましょう。

答えは 右ページ で確認しましょう。

SV *doing* は「もうしていること」か「しない方に向かう」を表すことが多い

240 **admit** *doing*
〜した［している］ことを認める

He admits stealing the money.

彼は＿＿＿＿＿＿＿＿＿＿＿＿＿＿＿＿＿＿＿＿＿＿＿＿＿。

241 **deny** *doing*
〜した［している］ことを認めない，否定する

He denies seeing the woman.

彼は＿＿＿＿＿＿＿＿＿＿＿＿＿＿＿＿＿＿＿＿＿＿＿＿＿。

242 **avoid** *doing*
〜することを避ける

You should avoid eating too much.

あなたは＿＿＿＿＿＿＿＿＿＿＿＿＿＿＿＿＿＿＿べきだ。

243 **give up** *doing*
(習慣など)〜することをやめる，諦める

I gave up drinking coffee after dinner.

私は夕食後に＿＿＿＿＿＿＿＿＿＿＿＿＿＿＿＿＿＿＿。

244 **finish** *doing*
〜し終える

They finished practicing baseball.

彼らは＿＿＿＿＿＿＿＿＿＿＿＿＿＿＿＿＿＿＿＿＿＿＿。

245 **mind** *doing*
〜するのを嫌がる，気にする

I don't mind going with you.

私は＿＿＿＿＿＿＿＿＿＿＿＿＿＿＿＿＿＿＿＿＿＿＿＿。

246 **put off** *doing*
〜するのを延期する　　= postpone *doing*

We put off returning to Japan.

私たちは＿＿＿＿＿＿＿＿＿＿＿＿＿＿＿＿＿＿＿＿＿＿。

247 **call off** *doing*
〜するのを中止する　　= cancel *doing*

They called off flying to London.

彼らは＿＿＿＿＿＿＿＿＿＿＿＿＿＿＿＿＿＿＿＿＿＿。

248 **consider** *doing*
〜することを検討する

I'm considering visiting Nagasaki.

私は長崎を＿＿＿＿＿＿＿＿＿＿＿＿＿＿＿＿＿＿＿＿。

249 **suggest** *doing*
〜することを提案する

She suggested my[me] taking a few days off.

彼女は＿＿＿＿＿＿＿＿＿＿＿＿＿＿＿＿＿＿＿＿＿＿。

ドリル **2** 1 **2** 3 4 キソ 次の日本語を英語にするとき，空所に適語を補いましょう。
答えは音声や 左ページ で確認しましょう。

K240
〜
K249

☐ (1) 彼はその金を盗んだことを認めている。

He ad_____ s_____ the money.

こちらも Check! ▶ admit : 054

☐ (2) 彼はその女性に会ったことを否定している。

He d_____ s_____ the woman.

こちらも Check! ▶ deny : 043

☐ (3) あなたは食べすぎを避けるべきだ。

You should a_____ e_____ too much.

☐ (4) 私は夕食後にコーヒーを飲むのをやめた。

I g_____ u_____ d_____ coffee after dinner.

こちらも Check! ▶ give : 020

☐ (5) 彼らは野球の練習を終えた。

They f_____ p_____ baseball.

☐ (6) 私はあなたと一緒に行くのを嫌がりません ［→一緒に行くのはかまいません］。

I don't m_____ g_____ with you.

☐ (7) 私たちは日本へ戻るのを延期した。

We p_____ o_____ r_____ to Japan.
= We postponed returning to Japan.

こちらも Check! ▶ put : 220

☐ (8) 彼らはロンドンに飛行機で行くのを中止した。

They c_____ o_____ f_____ to London.
= They canceled flying to London.

こちらも Check! ▶ call : 067, 176

☐ (9) 私は長崎を訪れることを検討している。

I'm c_____ v_____ Nagasaki.

こちらも Check! ▶ consider : 061, 107

☐ (10) 彼女は私が数日休暇をとることを提案した。

She s_____ m_____ t_____ a few days off.

🖉 動名詞の意味上の主語は所有格または目的格で示します。（▶p.113）

こちらも Check! ▶ suggest : 058

英語の青色の部分の訳を下に書きましょう。

答えは 右ページ で確認しましょう。

☐ **(1)** The salesclerk admitted telling the customer a wrong price.

✎ その販売員は＿＿＿＿＿＿＿＿＿＿＿＿＿＿＿＿＿＿＿＿＿＿＿＿＿＿＿＿。

✎ salesclerk 販売員（主に米）

☐ **(2)** The politician denied having received money illegally.

その政治家は違法に＿＿＿＿＿＿＿＿＿＿＿＿＿＿＿＿＿＿＿＿＿＿＿＿。

✎ politician 名 政治家／illegally 副 違法に

☐ **(3)** As I am afraid of heights, I want to avoid working in high places.

私は高所が怖いので，＿＿＿＿＿＿＿＿＿＿＿＿＿＿＿＿＿＿＿＿＿＿＿。

✎ be afraid of A Aを恐れている，嫌がっている／height 名 高所

☐ **(4)** She gave up teaching him how to play the guitar.

彼女は＿＿＿＿＿＿＿＿＿＿＿＿＿＿＿＿＿＿＿＿＿＿＿＿＿＿＿＿＿＿。

☐ **(5)** I have to finish cleaning my room before my mother comes home.

私は母が帰ってくる前に＿＿＿＿＿＿＿＿＿＿＿＿＿＿＿＿＿＿＿＿＿。

✎ clean 動 Oを片付ける，掃除する

☐ **(6)** Would you mind my opening the window?

＿＿＿＿＿＿＿＿＿＿＿＿＿＿＿＿＿＿＿＿＿＿＿＿＿＿＿＿＿＿＿＿。

☐ **(7)** Our climbing of Mt. Fuji had to be put off because of the rain.

私たちの富士登山は＿＿＿＿＿＿＿＿＿＿＿＿＿＿＿＿＿＿＿＿＿＿＿＿。

☐ **(8)** You should call off traveling to Hokkaido as a typhoon is approaching.

台風が近づいているので，＿＿＿＿＿＿＿＿＿＿＿＿＿＿＿＿＿＿＿＿。

✎ approach 動 近づく

☐ **(9)** You should consider working from home half a week.

あなたは＿＿＿＿＿＿＿＿＿＿＿＿＿＿＿＿＿＿＿＿＿＿＿＿べきだ。

✎ work from home 在宅勤務する／half a week 一週間の半分

☐ **(10)** My friend suggested my joining the basketball team.

友人は＿＿＿＿＿＿＿＿＿＿＿＿＿＿＿＿＿＿＿＿＿＿＿＿＿＿＿＿＿＿。

✎ 主節の主語My friendとjoiningの主語が異なるためmy joiningで示します。

日本語に合うように，英語を並べ替えて文を完成させましょう。
答えは音声や 左ページ で確認しましょう。

Y240
〜
Y249

□ (1) その販売員は顧客に間違った価格を伝えたことを認めた。

The salesclerk (admitted / the customer / telling / a wrong price).

文頭は
大文字！

_____

□ (2) その政治家は違法にお金を受け取ったことを否定した。

The politician (money / denied / received / having) illegally.

_____

□ (3) 私は高所が怖いので，高い所で働くのを避けたい。

As I am afraid of heights, (working / want to / I / avoid / in) high places.

_____

□ (4) 彼女は彼にギターの弾き方を教えるのを諦めた。

She (gave up / how to / him / play / teaching) the guitar.

_____

□ (5) 私は母が帰ってくる前に自分の部屋を片付け（るのを終え）なければならない。

I (my room / have to / cleaning / finish) before my mother comes home.

_____

□ (6) あなたは私が窓を開けるのがお嫌ですか [→窓を開けてもいいですか]。

Would you (opening / mind / the window / my)?

_____

□ (7) 私たちの富士登山は雨のため延期されなければならなかった。

Our climbing of Mt. Fuji had to (be / because of / the rain / put off).

_____

□ (8) 台風が近づいているので，あなたは北海道に旅行するのを中止すべきだ。

(call off / you / to / should / traveling) Hokkaido as a typhoon is approaching.

_____

□ (9) あなたは週の半分は在宅勤務することを検討すべきだ。

You should (from / working / consider / home) half a week.

_____

□ (10) 友人は私がバスケットボール部に入ることを提案した。

My friend (my / suggested / the basketball team / joining).

_____

Chapter
6

3 >>> 不定詞と動名詞で意味が異なる動詞

ドリル **1** 2 3 4 ｷﾝ　英語の青色の部分の訳を下に書きましょう。
答えは 右ページ で確認しましょう。

不定詞to *do* は「これからすること」／動名詞*doing*は「したこと」が原則

250 **forget to *do***
〜することを忘れる
✎ 活用 forget-forgot-forgotten[米 forgot]

Don't forget to send it.

それを_____。

251 **forget *doing***
〜したことを忘れる

I forgot seeing her there.

私はそこで_____。

252 **remember to *do***
(これから)〜することを覚えておく

You have to remember to invite her.

あなたは_____けりゃなりません。

253 **remember *doing***
(もう)〜したことを覚えている

I remember seeing the boy yesterday.

私は昨日_____。

254 **regret to *do***
残念ながら〜する

I regret to tell you this.

_____。

255 **regret *doing***
〜したことを後悔する

She regrets saying such a thing.

彼女は_____。

256 **mean to *do***
〜するつもりでいる
✎ 活用 mean-meant-meant

I didn't mean to hurt you.

私はあなたを_____。

257 **mean *doing***
〜することを意味する

All this rain means canceling the event.

これだけの雨は_____。

258 **need to *do***
〜する必要がある

You need to study hard for the exam.

あなたはその試験に向けて_____。

259 **need *doing***
〜される必要がある　= need to be *done*

This computer needs repairing.

このコンピュータは_____。

次の日本語を英語にするとき，空所に適語を補いましょう。
答えは音声や〈左ページ〉で確認しましょう。

☐ **(1)** それを送るのを忘れないで。

✎ Don't f＿＿＿＿＿＿ t＿＿＿＿＿＿ s＿＿＿＿＿＿ it.

☐ **(2)** 私はそこで彼女に会ったことを忘れていた。

I f＿＿＿＿＿＿ s＿＿＿＿＿＿ her there.

☐ **(3)** あなたは彼女を誘うことを覚えておかなければなりません。

You have to r＿＿＿＿＿＿ t＿＿＿＿＿＿ i＿＿＿＿＿＿ her.

☐ **(4)** 私は昨日その少年を見かけたことを覚えている。

I r＿＿＿＿＿＿ s＿＿＿＿＿＿ the boy yesterday.

☐ **(5)** 残念ながら，あなたにこのことを伝えなくてはなりません。

I r＿＿＿＿＿＿ t＿＿＿＿＿＿ t＿＿＿＿＿＿ you this.

☐ **(6)** 彼女はそんなことを言ったことを後悔している。

She r＿＿＿＿＿＿ s＿＿＿＿＿＿ such a thing.

☐ **(7)** 私はあなたを傷つけるつもりはなかったんです。

I didn't m＿＿＿＿＿＿ t＿＿＿＿＿＿ h＿＿＿＿＿＿ you.

☐ **(8)** これだけの雨はそのイベントを中止することを意味する。

All this rain m＿＿＿＿＿＿ c＿＿＿＿＿＿ the event.

☐ **(9)** あなたはその試験に向けて一生懸命勉強する必要がある。

You n＿＿＿＿＿＿ t＿＿＿＿＿＿ s＿＿＿＿＿＿ hard for the exam.

☐ **(10)** このコンピュータは修理される必要がある。

This computer n＿＿＿＿＿＿ r＿＿＿＿＿＿.
= This computer needs to be repaired.

英語の青色の部分の訳を下に書きましょう。

答えは 右ページ で確認しましょう。

☐ **(1)** I sometimes forget to lock the door when I leave home.

✎ 私は家を出るときにときどき_____。

✎ leave 動 Oを去る

☐ **(2)** He forgot having seen the woman until she spoke to him.

彼は彼女が話しかけるまで, _____。

☐ **(3)** I have to remember to send him an email.

私は_____。

☐ **(4)** I will remember spending a good time with you forever.

私は_____でしょう。

☐ **(5)** I regret to inform you of your grandfather's accident.

_____。

✎ inform + 人 + of A 人にAを知らせる

☐ **(6)** I regret not having responded to his message earlier.

私はもっと早く_____。

✎ respond to A Aに答える, 返事をする

☐ **(7)** Is this letter meant to be a lowercase "l" or a capital "I"?

_____。

✎ lowercase 形 小文字の／capital 形 大文字の

☐ **(8)** Skipping breakfast means losing an important source of energy.

朝食を抜くことは_____。

✎ skip 動 Oを抜かす／source of energy エネルギー源

☐ **(9)** These rental bicycles need to be returned by tomorrow morning.

これらのレンタル自転車は_____。

✎ rental 形 レンタルの, 賃貸の

☐ **(10)** This wall needs painting, as it looks old.

古く見えるので, _____。

☐ (1) 私は家を出るときにときどきドアの鍵をかけ忘れる。

I sometimes (the door / lock / forget / to) when I leave home.

文頭は
大文字！ ✎ _____

☐ (2) 彼は彼女 [その女性] が話しかけるまで，その女性 [彼女] に会ったことを忘れていた。

He (having / seen / forgot / the woman) until she spoke to him.

_____

☐ (3) 私は彼にEメールを送るのを覚えておかないといけない。

I (have to / send / to / remember) him an email.

_____

☐ (4) 私はあなたと楽しい時間を過ごしたことをずっと覚えているでしょう。

I will (a good time / remember / with / spending) you forever.

_____

☐ (5) 残念ながら，あなたのおじいさんの事故について伝えなくてはなりません。

(regret / inform / I / you / to / of) your grandfather's accident.

_____

☐ (6) 私はもっと早く彼のメッセージに返事をしなかったことを後悔している。

I (having / regret / responded / not) to his message earlier.

_____

☐ (7) この文字は小文字の「l」のつもりですか，大文字の「I」のつもりですか。

(to be / is / meant / this letter) a lowercase "l" or a capital "I"?

_____

☐ (8) 朝食を抜くことは大事なエネルギー源を失うことを意味する。

Skipping breakfast (losing / an important / means / source) of energy.

_____

☐ (9) これらのレンタル自転車は明日の朝までに返却される必要がある。

These rental bicycles (by / to / be / need / returned) tomorrow morning.

_____

☐ (10) 古く見えるので，この壁は塗る必要がある。

(painting / this wall / needs), as it looks old.

_____

意味をおさえておきたい重要動詞

本章の第1～3課では，感情動詞とそこから派生した分詞形容詞を学習します。第4～6課では，似た意味の動詞をまとめて整理しましょう。

1~3 感情を表す動詞→分詞形容詞①②③ 学習ページ ▶ 1(p.130), 2(p.134), 3(p.138)

ここでは感情動詞の仕組みとそれが分詞形容詞化したカタチを学習します。ちなみに**分詞形容詞**とは形容詞として使われることが定着した現在分詞*doing*や過去分詞*done*のことです。そして**感情動詞**とはその名のとおり「人間の感情を表す動詞」であり，基本的には**他動詞**です。例えば，感情動詞surpriseは「**S**（原因）が**O**（人）を驚かせる」のカタチで使います。

例 The news surprised me.　その知らせが私を驚かせた。
　　原因　　　　　　　　 人

では，分詞surprising / surprisedを使った文を見てみましょう。

例 The news was surprising.　その知らせは驚くべきものだった。

例 I was surprised at the news.　私はその知らせに驚かされた［→驚いた］。

上の例の2つ目の文に注目してください。英語は*be* surprisedと受動態ですが，日本語では「～に驚く（ここでは過去形なので「驚いた」）」と能動態になっています。英語に合わせれば「～に驚かされた」となるのですが「～に驚いた」のほうが日本語としては自然ですよね。このような日本語と英語の違いから，感情動詞を分詞にするときに「*doing*と*done*のどっちにするんだっけ？？」と悩んでしまうことが多いようです。

こんなときは，**元の動詞の意味**を考えれば簡単に判断がつきます。感情動詞は「感情を与える」という意味を持つことから，**「感情を与える」の意味になるときは**_doing_**を，「感情を受け取る」の意味になるときには**_done_**を使います。分詞形容詞の使い分けについては，基本的に「モノが主語なら**_doing_**で，人が主語なら**_done_**」と覚えておくとよいでしょう。実際，感情を与えるのは「人間以外のモノ（抽象的なものも含む）」であることが多いです。ここで，次の4つの感情になるのはどんなときか考えてみてください。

(1) びっくり　(2) がっかり　(3) 感動　(4) 安心

例えば，突然近くで「ドーン」と衝撃音が響いたらびっくりするし，試験に不合格になるとがっかりするし，すばらしい映画を見たら感動するし，なくしたものが見つかったら安心しますよね……そう！　**衝撃音があなたをびっくりさせている**し，**映画があなたを感動させている**

のです。モノが感情を与えていますね。ただし，entertain「楽しませる」など「モノ」だけでなく「人」を主語にとる動詞もありますので，注意が必要です。**_done_ は，概ね感情を受け取る主体なので「人（や生物）」を主語にとる**と考えてよいでしょう。

なお本書では**SVC**のカタチを中心に取り上げましたが，an interesting story「興味深い話」のように名詞を修飾する限定用法で使われるものも多くあります。

---

4 意味の識別に注意！ 「合う」／「言う（伝達V）」　学習ページ ▶ p.142

第4課以降では，同じような日本語訳になるけれど，動詞の前後にとるカタチが異なる動詞をまとめて，使い分けを学んでいきます。大学入試長文の空所補充問題や入試英作文においてきちんと使い分けができないと減点されてしまう重要事項ですから，数は多いですが整理して暗記していきましょう。

第4課では「合う／似合う」と「言う（伝達動詞）」を扱います。

❶「合う／似合う」

カタチ	意味
fit _A_	（衣服などが）A（人・モノ・状況）に合う
suit _A_	（衣服などが）A（人）に適している，似合う
go with _A_ = match _A_	（モノが）A（モノ）に合う，調和する
agree with _A_	（気候・風土・水・食べ物などが）A（人）に合う
become _A_ = _be_ becoming on _A_	（衣服などが）A（人）に似合う

①suit は「（物事が）人に好都合である」，「（食物・気候などが）物事に適している」の意味も重要。

❷「言う（伝達動詞）」

say … 内容を伝えるために言葉を発する

カタチ		意味
say (to + 人) that **sv**	SVO	（人に）…と言う　【間接話法】
say (to + 人) "…（話す内容）"	SVO	（人に）「…」と言う　【直接話法】

①基本的に他動詞で使い，**SVO**のカタチをとる。
①無生物主語 + say that **SV**「〜に…と書いてある」の用法もある。

例 The newspaper says that the Prime Minister will resign tomorrow.

　　新聞に首相が明日辞任すると書いてある［書かれている］。

tell … 情報を伝える

カタチ		意味
tell **O**₁ (人) **O**₂ (内容)	SVOO	**O**₁に**O**₂を伝える
tell **O**₂ (内容) to **O**₁ (人)	SVO	**O**₁に**O**₂を伝える
tell **O** (人) that **sv**	SVOO	**O**に…だと言う
tell **O** (人) to _do_	SVOC	**O**に〜するように言う

①基本的に他動詞で使う。**SVOO**のカタチをとれるのがsayとの違い。

（次ページへ続く）

speak … 「言葉を発する」が意味の中心。一方的に話すときにも使う。

カタチ		意味
speak **o** (言語)	SVO	(言語) を話す
speak to + 人	SV	人に話しかける
speak of [about] *A* (話題)	SV	Aについて話す
speak for / against *A*	SV	Aに賛成する／反対する

①**VO**のカタチをとるのは，目的語が「言語」の場合のみ。

talk … 「気軽な会話」を意味することが多い。話す相手・聞き手が必要。

カタチ		意味
talk with + 人	SV	人と話す
talk to + 人	SV	人に話しかける
talk about [of] *A* (話題)	SV	Aについて話す
talk + 人 + into / out of *doing*	SVO	～する／しないよう人を説得する

①基本的に自動詞で使う。他動詞**SVO**では「説得する」の意味もある！

refer … 「あることに注意を向ける」が意味の中心。

カタチ		意味
refer to *A* (話題)	SV	Aに触れる，言及する
refer to *A* (資料)	SV	Aを参照する，参考にする
refer to *A* as *B*	SV (p.96)	AをBと呼ぶ = call *A B*

5 意味の識別に注意！ 「育つ／育てる」／「貸借」 学習ページ ▶ p.146

❶「育つ／育てる」

このグループでは，**grow**が「人を育てる」には使わないことを覚えておきましょう。また，同じく第5課で扱うfosterは「養子を育てる」の意味もあります。

カタチ		意味
grow	SV	① (人・動植物が) 成長する ② (数量・程度が) 増加 [増大] する
grow **o**	SVO	(植物) を栽培する，育てる

❷「貸す」

このグループでは**「貸す／借りる」の両方の意味を持つrent**が重要です。また**「無料か有料か」**で使い分ける点も重要ですから，ここでは分けて整理しておきましょう。

lend + 人 + 金銭・物品 ／ lend + 金銭・物品 + to + 人	無料
loan + 人 + 金銭・物品 ／ loan + 金銭・物品 + to + 人	無料／有料
rent + 人 + 建物・土地 ／ rent (out) + 建物・土地 + to + 人 lease + 人 + 建物・土地 ／ lease + 建物・土地 + to + 人	有料
let + 建物・土地 + to + 人	有料

❸「借りる」

borrow + 金銭・物品 + from + 人	無料
use + 物品（お手洗い，備えつけのもの）	無料
rent / lease + 建物・土地 + from + 人	有料・長期
hire + 車など + from + 人	有料・一時的
charter + バス・船・飛行機など	有料

6 意味の識別に注意！ 「思う」／「思いつく」　学習ページ ▶ p.150

最後に「思う」と「思いつく」にどんな動詞があるかまとめておさらいしておきましょう。

❶「思う／考える」

カタチ	意味	イメージ
think that **SV**	…だと思う	意見・判断
expect ①that **SV**　②to *do* ③**O** to *do*	…だと［〜すると／**O**が〜すると］予期する，思う	予想
suspect that **SV**	（確証はないが・悪いことについて）…であるらしい［ではないか］と思う	疑念
doubt ①**O**　②if [whether] / that **SV**	①**O**を疑う②…ではないと思う	疑念
wonder ①if **SV**　②疑問詞+**SV**	…だろうか（と思う）	疑問

①doubtの後ろのif [whether] / that節には否定語は含まない。

❷「思いつく」

次の動詞はいずれも「**人に考えが浮かぶ**」「**人が考えを思いつく**」の意味ですが，主語に「人」がくるものと「考え」がくるものとあります。どちらが主語になるかに注意しましょう。

Sが考え・Oが人	考え + strike + 人 考え + occur to + 人
Sが人・Oが考え	人 + come up with + 考え 人 + think of + 考え 人 + hit on[upon] + 考え

1 >>> 感情を表す動詞→分詞形容詞① 感動・興奮

ドリル 1 **1** 2 3 4 (キン) 英語の青色の部分の訳を下に書きましょう。

答えは 右ページ で確認しましょう。

「感動・興奮」を表すグループ	★分詞形容詞では ① *doing*「〜させる」 ② *done*「〜される」の意味になる。

260 **fascinate＋人**
☐ 人を魅了する
→ ①魅力的な　②魅了された

Their singing voices were fascinating.　📎英文は①です。

彼らの歌声は＿＿＿＿＿＿＿＿＿＿＿＿＿＿＿＿＿＿。

261 **interest＋人**
☐ 人に興味を持たせる
→ ①興味深い　②興味がある

The documentary film was interesting.　📎英文は①です。

そのドキュメンタリー映画は＿＿＿＿＿＿＿＿＿＿＿＿＿。

262 **excite＋人**
☐ 人をわくわくさせる，興奮させる
→ ①刺激的な　②興奮した

The game was exciting.　📎英文は①です。

その試合は＿＿＿＿＿＿＿＿＿＿＿＿＿＿＿＿＿＿＿。

263 **impress＋人**
☐ 人を感動させる，感心させる
→ ②感動した

I was impressed by his speech.

私は彼のスピーチに＿＿＿＿＿＿＿＿＿＿＿＿＿＿＿＿。

264 **move＋人**
☐ 人を感動させる
→ ①感動的な　②感動した

The film was moving.　📎英文は①です。

その映画は＿＿＿＿＿＿＿＿＿＿＿＿＿＿＿＿＿＿＿。

265 **surprise＋人**
☐ 人を驚かせる
→ ①驚くべき　②驚いた

The news was surprising.　📎英文は①です。

その知らせは＿＿＿＿＿＿＿＿＿＿＿＿＿＿＿＿＿＿。

266 **amaze＋人**
☐ 人をびっくりさせる
→ ①驚くべき　②驚いた

Their performance was amazing.　📎英文は①です。

彼らの演技は＿＿＿＿＿＿＿＿＿＿＿＿＿＿＿＿＿＿。

267 **astonish＋人**
☐ 人を仰天させる
→ ①驚くべき　②驚いた

Your test score was astonishing.　📎英文は①です。

あなたのテストの点は＿＿＿＿＿＿＿＿＿＿＿＿＿＿＿。

268 **shock＋人**
☐ 人に衝撃を与える
→ ①衝撃的な　②衝撃を受けた

His death was shocking.　📎英文は①です。

彼の死は＿＿＿＿＿＿＿＿＿＿＿＿＿＿＿＿＿＿＿＿。

ドリル 1 2 3 4（キン） 次の日本語を英語にするとき，空所に適語を補いましょう。
答えは音声や〈左ページ〉で確認しましょう。

K260
〜
K268

☐ **(1)** 彼らの歌声は**魅力的**だった。

✎ Their singing voices w＿＿＿＿＿＿ f＿＿＿＿＿＿＿＿．
　参考 Their singing voices fascinated me.　彼らの歌声は私を魅了した。　　　✎ 参考 は元の動詞を使った文です。

☐ **(2)** そのドキュメンタリー映画は**興味深かった**。

The documentary film w＿＿＿＿＿＿ i＿＿＿＿＿＿＿．
　参考 The documentary film interested me.　そのドキュメンタリー映画は私に興味を持たせた。

☐ **(3)** その試合は**刺激的**だった。

The game w＿＿＿＿＿ e＿＿＿＿＿＿＿．
　参考 The game excited me.　その試合は私を興奮させた。

☐ **(4)** 私は彼のスピーチに**感動**した。

I w＿＿＿＿＿ i＿＿＿＿＿＿ by his speech.
　　　　　　　　　　✎ 入試では②の be impressed が重要。「感動を与える，印象的な」は impressive を使う。

☐ **(5)** その映画は**感動的**だった。

The film w＿＿＿＿＿ m＿＿＿＿＿＿．
　参考 The film moved me.　その映画は私を感動させた。

☐ **(6)** その知らせは**驚くべき**ものだった。

The news w＿＿＿＿＿ s＿＿＿＿＿＿．
　参考 The news surprised me.　その知らせが私を驚かせた。

☐ **(7)** 彼らの演技は**驚くべき**ものだった。

Their performance w＿＿＿＿＿ am＿＿＿＿＿＿．
　参考 Their performance amazed me.　彼らの演技は私をびっくりさせた。　　✎ surprise より強い驚きを表す。

☐ **(8)** あなたのテストの点は**驚くべき**ものだった。

Your test score w＿＿＿＿＿ as＿＿＿＿＿＿．
　参考 Your test score astonished me.　あなたのテストの点は私を仰天させた。

☐ **(9)** 彼の死は**衝撃的**だった。

His death w＿＿＿＿＿ s＿＿＿＿＿＿．
　参考 His death shocked me.　彼の死は私に衝撃を与えた。

Hints!

感情を表す動詞の過去分詞を用いる〈be + 過去分詞 + 前置詞 + A〉は，前置詞によって意味上のゆるい
まとまりが見られます。例えば〈be + 過去分詞 + with + A〉は「Aに満足する」系の意味（be satisfied
with A, be pleased with A），〈be + 過去分詞 + at + A〉は「Aに驚く」系の意味（be surprised at A,
be astonished at A），などです。例外もそれなりにありますが，「同じ文型（カタチ）なら同じ意味」とい
う英語の性質を意識して，英文読解や文法・語法問題で初めて見る表現があったら，自分が既に知っている
同じカタチの表現と同じ意味かも？　と勘を働かせられるといいですね。

Chapter
7

英語の青色の部分の訳を下に書きましょう。

答えは 右ページ で確認しましょう。

☐ (1) The whole audience in the concert hall **was fascinated with their songs**.

✎ コンサートホールのすべての聴衆は＿＿＿＿＿＿＿＿＿＿＿＿＿＿＿＿＿＿＿＿＿＿＿＿＿＿＿。

🔖 audience 名 (集合的に)聴衆

☐ (2) I **am interested in the study** of modern art.

私は現代美術の＿＿＿＿＿＿＿＿＿＿＿＿＿＿＿＿＿＿＿＿＿＿＿＿＿＿＿＿＿＿＿＿＿＿＿。

🔖 modern art　現代美術

☐ (3) Everyone at the stadium **was excited at Shohei's pitch**.

スタジアムにいた皆が, ＿＿＿＿＿＿＿＿＿＿＿＿＿＿＿＿＿＿＿＿＿＿＿＿＿＿＿＿＿＿。

🔖 pitch 名 投球, 投げること

☐ (4) I **was impressed to see** the variety of dishes on the menu.

私はメニューの料理の豊富さ＿＿＿＿＿＿＿＿＿＿＿＿＿＿＿＿＿＿＿＿＿＿＿＿＿＿＿＿＿。

🔖 variety 名 変化に富むこと

☐ (5) She **was moved to receive a letter** from her favorite singer.

彼女は大好きな歌手から＿＿＿＿＿＿＿＿＿＿＿＿＿＿＿＿＿＿＿＿＿＿＿＿＿＿＿＿＿＿＿。

🔖 favorite 形 大好きな

☐ (6) I **was surprised to see my old friend** from my hometown at the university.

私は大学で故郷の＿＿＿＿＿＿＿＿＿＿＿＿＿＿＿＿＿＿＿＿＿＿＿＿＿＿＿＿＿＿＿＿＿＿。

☐ (7) He **was amazed to learn that** English has so many accents.

彼は英語にそんなにたくさんの訛りがある＿＿＿＿＿＿＿＿＿＿＿＿＿＿＿＿＿＿＿＿＿＿＿。

🔖 accent 名 訛り

☐ (8) I **was astonished at the news** that the two countries came to an agreement.

私はその2国が協定を結んだという＿＿＿＿＿＿＿＿＿＿＿＿＿＿＿＿＿＿＿＿＿＿＿＿＿。

🔖 come to [reach] an agreement　協定 [協約] を結ぶ

☐ (9) Bob **was shocked that his best friend betrayed him**.

ボブは＿＿。

🔖 betray 動 (人)を裏切る

Hints!

感情動詞の受け身 *be done* の後ろには「感情の原因」が続きます。「感情の原因」の表し方は, by *A* / at *A* / with *A* のように名詞表現もあれば (参考 問 (1), (3), (8)), 不定詞の副詞用法 (参考 問 (4)〜(7)) や that 節の副詞用法 (参考 問 (9)) をとることもあります。

日本語に合うように，英語を並べ替えて文を完成させましょう。
答えは音声や 左ページ で確認しましょう。

□ **(1)** コンサートホールのすべての聴衆は彼らの歌に魅了された。
The whole audience in the concert hall (was / their songs / with / fascinated).

文頭は
大文字！ ✎ _____

□ **(2)** 私は現代美術の研究に興味がある。
(interested / I / in / the study / am) of modern art.

_____

□ **(3)** スタジアムにいた皆が，ショウヘイの投球に興奮した。
Everyone at the stadium (was / at / Shohei's pitch / excited).

_____

□ **(4)** 私はメニューの料理の豊富さを見て感銘を受けた。
(was / I / to see / impressed / the variety of) dishes on the menu.

_____

□ **(5)** 彼女は大好きな歌手から手紙を受け取って感動した。
(a letter / she / to receive / was / moved) from her favorite singer.

_____

□ **(6)** 私は大学で故郷の旧友に出会って驚いた。
(I / my old friend / was / to see / surprised) from my hometown at the university.

_____

□ **(7)** 彼は英語にそんなにたくさんの訛りがあると知ってびっくりした。
(he / was / to learn / that / amazed) English has so many accents.

_____

□ **(8)** 私はその2国が協定を結んだというニュースに仰天した。
(that / I / was / at / astonished / the news) the two countries came to an agreement.

_____

□ **(9)** ボブは親友が彼［自分］を裏切ったことにショックを受けた。
Bob (his best friend / him / was / that / shocked / betrayed).

_____

2 >>> 感情を表す動詞→分詞形容詞② 困惑・疲労／不満・失望

ドリル **1** 2 3 4   英語の青色の部分の訳を下に書きましょう。

答えは 右ページ で確認しましょう。

| 「困惑・疲労」を表すグループ | ★分詞形容詞では ① doing「〜させる」 ② done「〜される」の意味になる。 |

269 **confuse＋人**

人を困惑させる，混乱させる
→ ①ややこしい　②混乱した

Cultural differences are sometimes confusing.

📎英文は①です。

文化の違いは時に＿＿＿＿＿＿＿＿＿＿＿＿＿＿＿＿＿＿＿＿ことがある。

270 **bore＋人**

人を飽きさせる，うんざりさせる
→ ①つまらない　②飽きた

The long lecture was boring.

その長い講義は＿＿＿＿＿＿＿＿＿＿＿＿＿＿＿＿＿＿＿＿＿＿＿。

271 **tire＋人**

人を疲れさせる，うんざりさせる
→ ①疲れさせる　②疲れた，うんざりした

I was tired from running a full marathon. 📎英文は②です。

私はフルマラソンを＿＿＿＿＿＿＿＿＿＿＿＿＿＿＿＿＿＿＿＿＿。

272 **exhaust＋人**

人を疲弊させる，使い果たす
→ ①骨が折れる　②疲れ果てた

The work was exhausting.

📎英文は①です。

その仕事は＿＿＿＿＿＿＿＿＿＿＿＿＿＿＿＿＿＿＿＿＿＿＿＿＿。

| 「不満・失望」を表すグループ | ★分詞形容詞では ① doing「〜させる」 ② done「〜される」の意味になる。 |

273 **annoy＋人**

人をいらいらさせる，うっとうしく思わせる
→ ①いらいらさせる　②いらいらする，腹が立つ

The traffic noise was annoying.

📎英文は①です。

その交通騒音は＿＿＿＿＿＿＿＿＿＿＿＿＿＿＿＿＿＿＿＿＿＿。

274 **frustrate＋人**

人をいらいらさせる，欲求不満にさせる
→ ①いらいらさせる　②いらいらする，失望している

The lack of money was frustrating.

📎英文は①です。

お金が足りないことは＿＿＿＿＿＿＿＿＿＿＿＿＿＿＿＿＿＿＿。

275 **irritate＋人**

人をいらいらさせる，怒らせる
→ ①いらいらさせる　②いらいらする

The barking dog is irritating.

📎英文は①です。

その吠えている犬は＿＿＿＿＿＿＿＿＿＿＿＿＿＿＿＿＿＿＿＿。

276 **embarrass＋人**

人に恥ずかしい思いをさせる，バツが悪い思いをさせる
→ ①恥ずかしい思いをさせるような　②恥ずかしい，ばつが悪い

Speaking in public is embarrassing.

📎英文は①です。

人前で話すことは＿＿＿＿＿＿＿＿＿＿＿＿＿＿＿＿＿＿＿＿＿。

277 **disappoint＋人**

人をがっかりさせる，失望させる
→ ①がっかりさせるような　②がっかりした

The test results were disappointing.

📎英文は①です。

そのテストの結果は＿＿＿＿＿＿＿＿＿＿＿＿＿＿＿＿＿＿＿＿。

278 **depress＋人**

人を気落ちさせる，落胆させる
→ ①気がめいる，憂鬱な　②落ち込んだ

The long rainy season is depressing.

📎英文は①です。

長い梅雨は＿＿＿＿＿＿＿＿＿＿＿＿＿＿＿＿＿＿＿＿＿＿＿＿。

次の日本語を英語にするとき，空所に適語を補いましょう。
答えは音声や〈左ページ〉で確認しましょう。

K269
〜
K278

□ **(1)** 文化の違いは時にややこしいことがある。

✎ Cultural differences a_____ sometimes con_____.
参考 Cultural differences sometimes confuse me.　文化の違いは時に私を混乱させる。

□ **(2)** その長い講義はつまらなかった。

The long lecture w_____ b_____.
参考 The long lecture bored me.　その長い講義が私を飽きさせた。

□ **(3)** 私はフルマラソンを走って疲れた。

I w_____ t_____ f_____ running a full marathon.
参考 Running a full marathon tired me.　フルマラソンを走ることが私を疲れさせた。

□ **(4)** その仕事は骨が折れるものだった。

The work w_____ e_____.
参考 The work exhausted me.　その仕事が私を疲弊させた。

□ **(5)** その交通騒音はいらいらさせるものだった。

The traffic noise w_____ a_____.
参考 The traffic noise annoyed me.　その交通騒音が私をいらだたせた。

□ **(6)** お金が足りないことはいらいらさせるものだった。

The lack of money w_____ f_____.
参考 The lack of money frustrated me.　お金が足りないことは私をいらいらさせた。

□ **(7)** その吠えている犬はいらいらさせる。

The barking dog i_____ i_____.
参考 The barking dog irritates me.　その吠えている犬は私をいらだたせる。

□ **(8)** 人前で話すことは恥ずかしい。

Speaking in public i_____ e_____.
参考 Speaking in public embarrasses me.　人前で話すことは私を恥ずかしくさせる。

□ **(9)** そのテストの結果はがっかりさせるものだった。

The test results w_____ d_____.
参考 The test results disappointed me.　そのテストの結果は私をがっかりさせた。

□ **(10)** 長い梅雨は気がめいる。

The long rainy season i_____ d_____.
参考 The long rainy season depresses me.　長い梅雨は私の気分を落ち込ませる。

Chapter

7

英語の青色の部分の訳を下に書きましょう。

答えは 右ページ で確認しましょう。

☐ (1) We **are** sometimes **confused by information from the media**.

✎ 私たちは時に＿＿＿＿＿＿＿＿＿＿＿＿＿＿＿＿＿＿＿＿＿＿＿＿＿＿＿ことがある。

✑ (the) media　メディア, マスコミ

☐ (2) **Staying indoors for a long time**, I got bored.

＿＿＿＿＿＿＿＿＿＿＿＿＿＿＿＿＿＿＿＿＿＿＿＿＿＿＿＿＿＿＿＿＿。

✑ stay indoors　家［屋内］に閉じこもる(indoors 副 屋内に［で］)

☐ (3) We **were tired of doing the same thing** again and again.

私たちは何度も何度も＿＿＿＿＿＿＿＿＿＿＿＿＿＿＿＿＿＿＿＿＿＿＿。

✑ again and again　何度も

☐ (4) We **were exhausted by the heavy workout** in the hot sun.

私たちは炎天下で＿＿＿＿＿＿＿＿＿＿＿＿＿＿＿＿＿＿＿＿＿＿＿＿＿。

✑ heavy 形 激しい, 厳しい／workout 名 運動, （スポーツ競技の）練習

☐ (5) I **am annoyed with my noisy neighbors**.

私は＿＿＿＿＿＿＿＿＿＿＿＿＿＿＿＿＿＿＿＿＿＿＿＿＿＿＿＿＿＿＿。

✑ noisy 形 騒々しい

☐ (6) Members of the baseball team **were frustrated with the rainy season**.

野球チームのメンバーは＿＿＿＿＿＿＿＿＿＿＿＿＿＿＿＿＿＿＿＿＿＿＿。

☐ (7) People with a calcium deficiency **tend to get irritated easily**.

カルシウムが不足している人は＿＿＿＿＿＿＿＿＿＿＿＿＿＿＿＿＿＿＿＿。

✑ calcium 名 カルシウム／deficiency 名 不足, 欠乏

☐ (8) I **was embarrassed when I couldn't answer** the easy questions.

私はそれらの簡単な問題＿＿＿＿＿＿＿＿＿＿＿＿＿＿＿＿＿＿＿＿＿＿＿。

☐ (9) I **was disappointed at the news of my favorite idol singer's marriage**.

私は＿＿＿＿＿＿＿＿＿＿＿＿＿＿＿＿＿＿＿＿＿＿＿＿＿＿＿＿＿＿＿。

✑ favorite 形 大好きな／idol singer　アイドル歌手

☐ (10) She **was depressed because she broke up with her boyfriend**.

彼女は＿＿＿＿＿＿＿＿＿＿＿＿＿＿＿＿＿＿＿＿＿＿＿＿＿＿＿＿＿＿＿。

✑ break up with A　A(恋人)と別れる

日本語に合うように，英語を並べ替えて文を完成させましょう。
答えは音声や 左ページ で確認しましょう。

Y269
〜
Y278

□ **(1)** 私たちは時にメディアの情報に混乱することがある。

We are sometimes (information / confused / by / from) the media.

文頭は
大文字！ ✎ _____

□ **(2)** 長い間家に閉じこもっていたので，私は退屈した。

Staying (bored / indoors / I / got / for a long time,).

_____

□ **(3)** 私たちは何度も何度も同じことをするのにうんざりしていた。

(the same thing / we / were / doing / tired of) again and again.

_____

□ **(4)** 私たちは炎天下で激しい運動をして疲れ果てた。

(the heavy workout / we / were / by / exhausted) in the hot sun.

_____

□ **(5)** 私は騒々しい隣人にいらだっている。

I (with / my / neighbors / am / noisy / annoyed).

_____

□ **(6)** 野球チームのメンバーは梅雨にいらだっていた。

Members of the baseball team (the rainy season / were / with / frustrated).

_____

□ **(7)** カルシウムが不足している人はすぐにいらいらしがちだ。

People with a calcium deficiency (to / get / tend / easily / irritated).

_____

□ **(8)** 私はそれらの簡単な問題に答えられず，恥ずかしい思いをした。

I (I / couldn't / was / when / embarrassed) answer the easy questions.

_____

□ **(9)** 私は大好きなアイドル歌手の結婚の知らせにがっかりした。

(of / was / I / at / the news / disappointed) my favorite idol singer's marriage.

_____

□ **(10)** 彼女はボーイフレンドと別れたので気落ちしていた。

She (because / broke up with / depressed / was / she) her boyfriend.

_____

ただいま 279〜288

3 >>> 感情を表す動詞→分詞形容詞③　恐怖／楽しみ・喜び

ドリル キソ **1** 234　英語の青色の部分の訳を下に書きましょう。
答えは 右ページ で確認しましょう。

| 「恐怖」を表すグループ | ★分詞形容詞では ① *doing*「〜させる」 ② *done*「〜される」の意味になる。 |

279 **frighten＋人**
□
人を怖がらせる
→①怖い, 恐ろしい　②怖っている, おびえた

The loud noise was frightening.　　英文は①です。

その大きな音は＿＿＿＿＿＿＿＿＿＿＿＿＿＿＿＿＿＿＿＿＿＿＿＿＿＿＿＿＿。

280 **scare＋人**
□
人を怖がらせる
→②怖っている, おびえた

I felt scared when I walked the street alone.

私はその通りを一人で歩いたとき＿＿＿＿＿＿＿＿＿＿＿＿＿＿＿＿＿＿＿＿。

281 **threaten＋人**
□
人を怖がらせる, 脅かす
→①脅すような　②脅かされている

Human life is threatened by natural disasters.
　　英文は②です。

人類（の生命）は自然災害によって＿＿＿＿＿＿＿＿＿＿＿＿＿＿＿＿＿＿＿。

| 「楽しみ・喜び」を表すグループ | ★分詞形容詞では ① *doing*「〜させる」 ② *done*「〜される」の意味になる。 |

282 **amuse＋人**
□
人を楽しませる
→①楽しい, 愉快な　②面白がっている

The comedy show was amusing.　　英文は①です。

そのコメディーショーは＿＿＿＿＿＿＿＿＿＿＿＿＿＿＿＿＿＿＿＿＿＿＿＿。

283 **delight＋人**
□
人を喜ばせる
→②喜んで

I was delighted with my new phone.

私は自分の新しい電話＿＿＿＿＿＿＿＿＿＿＿＿＿＿＿＿＿＿＿＿＿＿＿＿＿。

284 **please＋人**
□
人を喜ばせる
→①楽しい, 喜びを与える　②喜んで, 満足した

The music was pleasing.　　英文は①です。

その音楽は＿＿＿＿＿＿＿＿＿＿＿＿＿＿＿＿＿＿＿＿＿＿＿＿＿＿＿＿＿＿＿。

285 **relieve＋人**
□
人を安堵させる
→②安心した

We were relieved at the good news.

私たちはよい知らせ＿＿＿＿＿＿＿＿＿＿＿＿＿＿＿＿＿＿＿＿＿＿＿＿＿＿＿。

286 **reassure＋人**
□
人を安心させる, ほっとさせる
→①安心させる　②安心した, ほっとした

His calm voice was really reassuring.　　英文は①です。

彼の落ち着いた声は＿＿＿＿＿＿＿＿＿＿＿＿＿＿＿＿＿＿＿＿＿＿＿＿＿＿。

287 **satisfy＋人**
□
人を満足させる
→①満足させる　②満足した

The hotel's service was satisfying.　　英文は①です。

そのホテルのサービスは＿＿＿＿＿＿＿＿＿＿＿＿＿＿＿＿＿＿＿＿＿＿＿＿。

288 **relax＋人**
□
人をくつろがせる, リラックスさせる
→①くつろがせる　②くつろいだ, リラックスした

The piano music was relaxing.　　英文は①です。

そのピアノの曲は＿＿＿＿＿＿＿＿＿＿＿＿＿＿＿＿＿＿＿＿＿＿＿＿＿＿＿。

ドリル
1 2 3 4 キソ

次の日本語を英語にするとき，空所に適語を補いましょう。
答えは音声や 左ページ で確認しましょう。

□ (1) その大きな音は怖がらせるものだった。

✎ The loud noise w＿＿＿＿＿＿ f＿＿＿＿＿＿＿＿＿ .
参考 The loud noise frightened me.　その大きな音が私を怖がらせた。

□ (2) 私はその通りを一人で歩いたとき怖かった。

I f＿＿＿＿＿＿ s＿＿＿＿＿＿＿＿ when I walked the street alone.
参考 Walking the street alone scared me.　その通りを一人で歩くことが私を怖がらせた。
✎ 入試では②の be scared が重要。「怖い，恐ろしい」は scary を使う。

□ (3) 人類（の生命）は自然災害によって脅かされている。

Human life i＿＿＿＿＿＿ t＿＿＿＿＿＿＿＿ by natural disasters.
参考 Natural disasters threatens human life.　自然災害は人類を脅かしている。　✎ 入試では②の be threatened が重要。

□ (4) そのコメディーショーは楽しかった。

The comedy show w＿＿＿＿＿＿ a＿＿＿＿＿＿＿＿ .
参考 The comedy show amused me.　そのコメディーショーは私を楽しませた。

□ (5) 私は自分の新しい電話に喜んだ。

I w＿＿＿＿＿＿ d＿＿＿＿＿＿ w＿＿＿＿＿＿ my new phone.
参考 My new phone delighted me.　私の新しい電話は私を喜ばせた。
✎ 入試では②の be delighted が重要。「喜びを与える」は delightful を使う。

□ (6) その音楽は喜ばしいものだった。

The music w＿＿＿＿＿＿ p＿＿＿＿＿＿＿＿ .
参考 The music pleased me.　その音楽は私を喜ばせた。　✎「（モノが）楽しい，快い」という意味で pleasant もよく使われます。

□ (7) 私たちはよい知らせに安心した。

We w＿＿＿＿＿＿ rel＿＿＿＿＿＿ a＿＿＿＿＿＿＿＿ the good news.
参考 The good news relieved us.　よい知らせが私たちを安心させた。　✎ 入試では②の be relieved が重要。

□ (8) 彼の落ち着いた声は本当に安心させるものだった。

His calm voice w＿＿＿＿＿＿ really rea＿＿＿＿＿＿ .
参考 His calm voice really reassured me.　彼の落ち着いた声が本当に私を安心させた。

□ (9) そのホテルのサービスは満足させるものだった。

The hotel's service w＿＿＿＿＿＿ s＿＿＿＿＿＿＿ .
参考 The hotel's service satisfied me.　そのホテルのサービスが私を満足させた。
✎「満足のいく」という意味で satisfactory もよく使われます。

□ (10) そのピアノの曲はくつろがせるものだった。

The piano music w＿＿＿＿＿＿ r＿＿＿＿＿＿＿ .
参考 The piano music relaxed me.　そのピアノの曲が私をくつろがせた。

Chapter
7

英語の青色の部分の訳を下に書きましょう。
答えは 右ページ で確認しましょう。

☐ **(1) The girls were frightened when they rode** on a roller coaster.

✎ その少女たちはジェットコースターに_____。

✎ roller coaster　ジェットコースター

☐ **(2) "I'm scared of heights!"** Bob shouted at the top of the cliff.

「_____！」とボブは崖の上で叫んだ。

✎ cliff 名 崖

☐ **(3) The habitats of wild animals are threatened** by rapid climate change.

急速な気候変動により, _____。

✎ habitat 名 生息地／climate change　気候変動

☐ **(4) The boys were amused when they saw** the magician perform a trick.

その少年たちは, その手品師が手品をする_____。

✎ perform [do] a trick　手品をする(trick 名 手品)

☐ **(5) I was delighted at my son's winning the tennis match**.

私は_____。

☐ **(6) We were pleased with our success** in the project.

私たちはプロジェクトの_____。

☐ **(7) I was relieved to hear that all the passengers returned safely**.

私は_____。

✎ passenger 名 乗客

☐ **(8) I was reassured when I saw my doctor smile** after the operation.

私は手術後に_____。

✎ operation 名 手術

☐ **(9) The guests were satisfied with the food served** at the restaurant.

その招待客は_____。

✎ serve 動 (食事)を出す

☐ **(10) I feel relaxed when I am with my friends**.

私は_____。

ドリル 4 応用 日本語に合うように，英語を並べ替えて文を完成させましょう。
答えは音声や〈左ページ〉で確認しましょう。

Y279
〜
Y288

☐ **(1)** その少女たちはジェットコースターに乗ったときに怖がった。
The girls (they / frightened / when / rode / were) on a roller coaster.

文頭は
大文字！ _____

☐ **(2)**「僕は高所が怖いんだ！」とボブは崖の上で叫んだ。
"(of / heights / scared / I'm)!" Bob shouted at the top of the cliff.

_____

☐ **(3)** 急速な気候変動により，野生動物たちの生息地が脅かされている。
(are / wild animals / the habitats of / threatened) by rapid climate change.

_____

☐ **(4)** その少年たちは，その手品師が手品をするのを見て楽しんでいた。
(they / the boys / were / saw / amused / when) the magician perform a trick.

_____

☐ **(5)** 私は息子がテニスの試合に勝ったことに喜んだ。
I (was / winning / at / my son's / delighted) the tennis match.

_____

☐ **(6)** 私たちはプロジェクトの成功に喜んだ。
(were / our success / with / we / pleased) in the project.

_____

☐ **(7)** 私はすべての乗客が安全に戻ったと聞いて安心した。
I (that / relieved / all the passengers / was / to hear) returned safely.

_____

☐ **(8)** 私は手術後に私の担当医がほほ笑んだのを見てほっとした。
I (when / was / I / saw / reassured / my doctor) smile after the operation.

_____

☐ **(9)** その招待客はそのレストランで出された食事に満足していた。
(with / the guests / were / the food / satisfied) served at the restaurant.

_____

☐ **(10)** 私は友人といるときにくつろいだ気分になる。
(I / feel / I / relaxed / when) am with my friends.

_____

4 >>> 意味の識別に注意! 「合う」／「言う(伝達 V)」

ドリル **1**234 英語の青色の部分の訳を下に書きましょう。
答えは 右ページ で確認しましょう。

「合う」を表すグループ

289 □ **衣服など+fit+人・モノ・状況**
(衣服などが)人・モノ(の大きさ,型)・状況に合う

This jacket doesn't fit me.

このジャケット(のサイズ)は,_____ない。

290 □ **衣服など+suit+人**
(衣服などが)人に適している,似合う
= become+人

This coat suits you well.

このコートは_____。

291 □ **モノ+go with+モノ**
(モノが)モノに合う,調和する = match+モノ

That red tie goes with your suit.

あの赤いネクタイはあなたのスーツ_____。

292 □ **モノ+agree with+人**
(気候・風土・水・食べ物が)人に合う

Raw fish doesn't agree with some Westerners.

生魚は西洋の人_____ことがある。

「言う」を表すグループ

293 □ **say+内容**
〜と言う

He said to me, "Be quiet."

彼は「静かにしなさい」_____。

294 □ **tell+人+内容**
①人に〜を伝える
②人に〜するように言う

She told me the truth. ✎英文は①です。

彼女は_____。

295 □ **① speak+言葉・意見など**
② speak to+人
①言葉・意見などを話す,言う ②人に話しかける
✎活用 speak-spoke-spoken

I can speak Chinese. ✎英文は①です。

私は_____ことができる。

296 □ **① talk about+話題**
② talk+人+into/out of _doing_
①〜について話す
②〜する[しない]よう人を説得する

They talked about the problem. ✎英文は①です。

彼らは_____。

297 □ **refer to+資料・話題**
①(資料など)を参照する
②(話題)に触れる,言及する

Don't refer to this topic again. ✎英文は②です。

二度と_____ないで。

ドリル
2 1 3 4　次の日本語を英語にするとき，空所に適語を補いましょう。
答えは音声や 左ページ で確認しましょう。

K289
〜
K297

☐ **(1)** このジャケット（のサイズ）は，私に合わない。

✎ This jacket doesn't f_____ m_____.

☐ **(2)** このコートはあなたによく似合う。

This coat s_____ y_____ well.
= This coat becomes you well.

☐ **(3)** あの赤いネクタイはあなたのスーツに合う。

That red tie g_____ w_____ your suit.
= That red tie matches your suit.　　　　　　　　　　こちらも Check! ▶ go：004，162

☐ **(4)** 生魚は西洋の人には合わないことがある。

Raw fish doesn't a_____ w_____ some Westerners.

☐ **(5)** 彼は「静かにしなさい」と私に言った。

He s_____ t_____ m_____, "Be quiet."
　　　　　　　✎ say は「言葉を発する」ことを意味する。話す相手を表す場合は〈to ＋ 人〉とする。
　　　　　　　　　　　　　　　　　　　　　　　　　　　　こちらも Check! ▶ say：050

☐ **(6)** 彼女は私に真実を話した。

She t_____ m_____ the t_____.
　　　　　　　　　　　　　　　　　　こちらも Check! ▶ tell：028，082，209

☐ **(7)** 私は中国語を話すことができる。

I can s_____ C_____.
　　✎ speak は自動詞・他動詞どちらもありますが，自動詞で使うことが多いです。他動詞で用いる場合は O に言葉／意見／言語名をとります。

☐ **(8)** 彼らはその問題について話し合った。

They t_____ a_____ the problem.
= They discussed the problem.（▶p.58）　　　✎ 複数の人で話したので「話し合った」となります。「話した」も可です。

☐ **(9)** 二度とこの話題に触れないで。

Don't r_____ t_____ this topic again.
　　　　　　　　　　　✎ refer to A as B「AをBと呼ぶ」も頻出。
　　　　　　　　　　　こちらも Check! ▶ refer：192

Chapter **7**

Hints!

動詞の意味の識別では，「合う」の意味を持つ動詞と「伝える・言う」の意味を持つ伝達動詞は超重要です。
前者は「何と何が合う」のか，後者は後ろにとる文型を意識して覚えましょう。特に，伝達動詞で**SVOO**を
とる tell がよく問われます。

英語の青色の部分の訳を下に書きましょう。

答えは 右ページ で確認しましょう。

☐ **(1)** The newly built cottages on the hillside **fit the needs of guests well.**

　✎ その丘の斜面に新しく建てられたコテージ群は＿＿＿＿＿＿＿＿＿＿＿＿＿＿＿＿＿＿＿＿＿。

　　　　　　　　　　　　　　✎ cottage 名 コテージ, 小さな別荘／hillside 名 丘の斜面, 山腹

☐ **(2)** **What time suits you best** to have a short meeting?

　　短い会議をするのに＿＿＿＿＿＿＿＿＿＿＿＿＿＿＿＿＿＿＿＿＿＿＿＿＿＿。

☐ **(3)** White wine **goes well with fish.**

　　白ワインは＿＿＿＿＿＿＿＿＿＿＿＿＿＿＿＿＿＿＿＿＿＿＿＿＿＿＿＿＿＿。

☐ **(4)** Japan's humid climate **doesn't agree with me.**

　　日本のじめじめした気候は＿＿＿＿＿＿＿＿＿＿＿＿＿＿＿＿＿＿＿＿＿＿＿。

　　　　　　　　　　　　　　　　✎ humid 形 湿気のある, じめじめした

☐ **(5)** My brother **said to me that he would come back tomorrow.**

　　兄［弟］は＿＿＿＿＿＿＿＿＿＿＿＿＿＿＿＿＿＿＿＿＿＿＿＿＿＿＿＿＿。

☐ **(6)** My tutor **told me that I should study hard every day.**

　　私の家庭教師は＿＿＿＿＿＿＿＿＿＿＿＿＿＿＿＿＿＿＿＿＿＿＿＿＿＿＿。

　　　　　　　　　　　　　　　　　　　✎ tutor 名 家庭教師

☐ **(7)** I **was spoken to in English by a foreigner** on my way home.

　　私は帰宅途中に＿＿＿＿＿＿＿＿＿＿＿＿＿＿＿＿＿＿＿＿＿＿＿＿＿＿＿。

　　　　　　✎〈A speak to + 人〉「Aが人に話しかける」の受動態は, 人 + be spoken to by A。

☐ **(8)** I tried to **talk my daughter into marrying a diligent man.**

　　私は＿＿＿＿＿＿＿＿＿＿＿＿＿＿＿＿＿＿＿＿＿＿＿＿ようとした。

　　　　　　　　　　　　　　　✎ diligent 形 勤勉な, 熱心に働く

☐ **(9)** I **referred to an English-Japanese dictionary** for the correct usage of terms.

　　私は言葉の正しい用法を求めて＿＿＿＿＿＿＿＿＿＿＿＿＿＿＿＿＿＿＿＿。

　　　　　　　　　　　　　　　　✎ term 名 言葉, 専門(用語)

ドリル 1 2 3 **4** 応用　日本語に合うように，英語を並べ替えて文を完成させましょう。
答えは音声や 左ページ で確認しましょう。

Y289
〜
Y297

☐ **(1)** その丘の斜面に新しく建てられたコテージ群は客のニーズによく合っている。
The newly built cottages on the hillside (guests / the needs of / fit) well.

文頭は
大文字！ 🖊 _____

☐ **(2)** 短い会議をするのに何時が最も適していますか［→何時が最も都合がよいですか］。
(you / best / time / suits / what) to have a short meeting?

_____

☐ **(3)** 白ワインは魚によく合う。
White (wine / fish / with / goes / well).

_____

☐ **(4)** 日本のじめじめした気候は私には合わない。
Japan's (agree / doesn't / humid climate / with / me).

_____

☐ **(5)** 兄［弟］は私に明日戻って来ると言った。
My brother (said / he would / to / come back / me / tomorrow / that).

_____

☐ **(6)** 私の家庭教師は私に毎日一生懸命勉強すべきだと言った。
My tutor (I / should / told / that / study / me / hard) every day.

_____

☐ **(7)** 私は帰宅途中に1人の外国人に英語で話しかけられた。
(was / to / English / I / spoken / in) by a foreigner on my way home.

_____

☐ **(8)** 私は勤勉な男性と結婚するよう娘を説得しようとした。
I tried to (talk / into / my daughter / marrying) a diligent man.

_____

☐ **(9)** 私は言葉の正しい用法を求めて英和辞典を参照した。
I (to / referred / for / an English-Japanese dictionary) the correct usage of terms.

_____

Chapter **7**

5 >>> 意味の識別に注意！ 「育つ／育てる」／「貸借」

ドリル **1** 2 3 4 〔キソ〕　英語の青色の部分の訳を下に書きましょう。
答えは 右ページ で確認しましょう。

「育つ」と「育てる」のグループ

298	**grow** ①育つ　②(植物)を栽培する	Sunflowers do not grow here.　　✎英文は①です。 ここではひまわりは＿＿＿＿＿＿＿＿＿＿＿＿＿＿＿＿＿。

299	**raise** (人間の子ども・動植物)を育てる	She raised three children by herself. 彼女は1人で＿＿＿＿＿＿＿＿＿＿＿＿＿＿＿＿＿。

300	**bring up** (人間の子ども)を育てる	She brought up three children by herself. 彼女は1人で＿＿＿＿＿＿＿＿＿＿＿＿＿＿＿＿＿。

301	**rear** (人間の子ども・動植物)を育てる	She reared three children by herself. 彼女は1人で＿＿＿＿＿＿＿＿＿＿＿＿＿＿＿＿＿。

302	**foster** (能力・性格・養子)を育てる，育む	Reading fosters children's creativity. 読書は＿＿＿＿＿＿＿＿＿＿＿＿＿＿＿＿＿。

「貸す」と「借りる」のグループ

303	**lend** (無料で人にモノ)を貸す	He lent me his textbook. 彼は＿＿＿＿＿＿＿＿＿＿＿＿＿＿＿＿＿。

304	**rent** ①(有料でモノ)を借りる ②(有料でモノ)を貸す	I rent a room for 50,000 yen a month.　✎英文は①です。 私は＿＿＿＿＿＿＿＿＿＿＿＿＿＿＿＿＿。

305	**use** (お手洗い，備えつけのもの)を借りる，使う	Can I use the bathroom? ＿＿＿＿＿＿＿＿＿＿＿＿＿＿＿＿＿てもよいですか。

306	**borrow** (無料でモノ)を借りる	May I borrow your notebook? ＿＿＿＿＿＿＿＿＿＿＿＿＿＿＿＿＿てもよいですか。

ドリル **2** 1 **2** 3 4 （キン）次の日本語を英語にするとき，空所に適語を補いましょう。
答えは音声や 左ページ で確認しましょう。

K298
〜
K306

☐ **(1)** ここではひまわりは育たない。

✎ Sunflowers d_____ n_____ g_____ here.

✎ grow には「人間を育てる」の意味はありません。
こちらも Check! ▶ grow : 006

☐ **(2)** 彼女は1人で3人の子どもを育てた。

She ra_____ three children by h_____.

☐ **(3)** 彼女は1人で3人の子どもを育てた。

She b_____ u_____ three children by herself.

こちらも Check! ▶ bring : 029

☐ **(4)** 彼女は1人で3人の子どもを育てた。

She re_____ three c_____ by herself.

✎ rear は現在では「家畜を育てる」という意味で使われることも多い。

☐ **(5)** 読書は子どもたちの創造力を育む。

Reading f_____ children's creativity.

✎「能力を育てる」を表すには develop を使います。

☐ **(6)** 彼は私に彼の教科書を貸してくれた。

He l_____ m_____ his textbook.
= He lent his textbook to me.

✎ lend + モノ + to + 人
こちらも Check! ▶ lend : 022

☐ **(7)** 私は一部屋を月5万円で借りている。

I r_____ a r_____ for 50,000 yen a month.
参考 She rents (out) a room to me. 彼女は一部屋を私に有料で貸している。

☐ **(8)** お手洗いをお借りしてもよいですか。

C_____ I u_____ the bathroom?

☐ **(9)** あなたのノートを借りてもよいですか。

May _____ b_____ your notebook?

Hints!

貸借を表す動詞も文法・語法問題や英作文で頻出です。特に rent は「借りる／貸す」の両方の意味を持つので難しいですね。rent は一般的には「賃借りする」の意味で使われるので，「賃貸しする」の意味で使うときは〈rent out a room to + 人〉のようにするとよいでしょう。①貸す／借りる，②有料／無料，③O にはどんなものをとるかを整理して覚えていこう！

Chapter **7**

英語の青色の部分の訳を下に書きましょう。

答えは 右ページ で確認しましょう。

☐ **(1)** Mr. Tanaka grows potatoes on his farm in Hokkaido.

✎ 田中さんは北海道の＿＿＿＿＿＿＿＿＿＿＿＿＿＿＿＿＿＿＿＿＿＿＿＿＿。

✎ farm 名 農場

☐ **(2)** I was born and raised here in Aomori.

私はここ青森で＿＿＿＿＿＿＿＿＿＿＿＿＿＿＿＿＿＿＿＿＿＿＿＿＿。

☐ **(3)** I was brought up by my grandparents to succeed them in their business.

私は彼らの家業を継ぐように＿＿＿＿＿＿＿＿＿＿＿＿＿＿＿＿＿＿＿。

✎ succeed 動 O を引き継ぐ

☐ **(4)** I want to rear my child in the countryside, not in the city.

私は＿＿＿＿＿＿＿＿＿＿＿＿＿＿＿＿＿＿＿＿＿＿＿＿＿たい。

✎ countryside 名 田舎 ⇔ city 名 都市，都会

☐ **(5)** His artistic talent was fostered in Rome.

彼の芸術的才能は＿＿＿＿＿＿＿＿＿＿＿＿＿＿＿＿＿＿＿＿＿＿＿。

☐ **(6)** My parents lent me one million yen.

両親が＿＿＿＿＿＿＿＿＿＿＿＿＿＿＿＿＿＿＿＿＿＿＿＿＿＿＿。

☐ **(7)** Masato will rent out his second house in Kyoto to Diana.

マサトは＿＿＿＿＿＿＿＿＿＿＿＿＿＿＿＿＿＿＿＿＿つもりだ。

✎ rent は「貸す／借りる」を文脈から判断するが，rent out は「貸す」の意味。／second house　別荘

☐ **(8)** If you need a computer, you can use mine.

コンピュータが必要なら＿＿＿＿＿＿＿＿＿＿＿＿＿＿＿＿＿＿＿＿＿。

☐ **(9)** He borrowed some books on economics from the library.

彼は図書館から＿＿＿＿＿＿＿＿＿＿＿＿＿＿＿＿＿＿＿＿＿＿＿＿。

✎ economics 名 経済学 (-s を落とさないように注意)

ドリル 応用 123 4 日本語に合うように，英語を並べ替えて文を完成させましょう。
答えは音声や 左ページ で確認しましょう。

Y298 ～ Y306

☐ (1) 田中さんは北海道の農場でじゃがいもを栽培している。

Mr. Tanaka (potatoes / his farm / grows / on) in Hokkaido.

文頭は
大文字！

_____

☐ (2) 私はここ青森で生まれ育った。

(was / raised / I / born / and) here in Aomori.

_____

☐ (3) 私は彼ら［祖父母］の家業を継ぐように祖父母［彼ら］に育てられた。

(my grandparents / was / brought / I / by / up) to succeed them in their business.

_____

☐ (4) 私は自分の子どもを都市ではなく田舎で育てたい。

I want (to / rear / the countryside / in / my child), not in the city.

_____

☐ (5) 彼の芸術的才能はローマで育まれた。

(was / fostered / his artistic talent) in Rome.

_____

☐ (6) 両親が私に100万円貸してくれた。

My parents (one million / me / lent / yen).

_____

☐ (7) マサトはダイアナに（自分の）京都の別荘を貸すつもりだ。

Masato (to Diana / his / will / second house / rent out / in Kyoto).

_____

☐ (8) コンピュータが必要なら僕のものを使ってもいいですよ。

If you need a computer, (can / use / you / mine).

_____

☐ (9) 彼は図書館から経済学に関する本を数冊借りた。

He (some / borrowed / on / economics / books) from the library.

_____

Chapter **7**

6 ››› 意味の識別に注意！ 「思う」／「思いつく」

ドリル **1** 234 英語の青色の部分の訳を下に書きましょう。
答えは 右ページ で確認しましょう。

「思う」を表す動詞を整理して覚える

307 □ **think that SV**
…だと思う

I think that he is right.

私は＿＿＿＿＿＿＿＿＿＿＿＿＿＿＿＿＿＿＿＿＿＿＿＿＿。

308 □ **expect ① that SV ② to *do* ③ O to *do***
…だと[〜すると／Oが〜すると]予期する, 思う

I never expected to see you here. ✎ 英文は②です。

ここで君に＿＿＿＿＿＿＿＿＿＿＿＿＿＿＿＿＿＿＿＿＿。

309 □ **suspect that SV**
(確証はないが・悪いことについて)…であるらしい [ではないか] と思う

She suspects that her boyfriend is lying.

彼女は＿＿＿＿＿＿＿＿＿＿＿＿＿＿＿＿＿＿＿＿＿＿＿。

310 □ **doubt**
①Oを疑う ②…ではないと思う
(if[whether] SV を伴って)

Do you doubt the existence of Santa Claus?
✎ 英文は①です。
あなたは＿＿＿＿＿＿＿＿＿＿＿＿＿＿＿＿＿のですか。

311 □ **wonder if SV／疑問詞＋SV など**
…だろうか(と思う)

I wonder if he will come tomorrow.

明日, ＿＿＿＿＿＿＿＿＿＿＿＿＿＿＿＿＿＿＿＿＿＿＿。

「思いつく」を表す動詞を整理して覚える

312 □ **考え＋strike＋人**
考えが人の心に浮かぶ, 人が考えを思いつく
✎ 活用 strike-struck-struck

A good idea struck me.

よい考えが＿＿＿＿＿＿＿＿＿＿＿＿＿＿＿＿＿＿＿＿＿。

313 □ **考え＋occur to＋人**
考えが人の心に浮かぶ, 人が考えを思いつく

A terrible image occurred to me.

あるひどいイメージが＿＿＿＿＿＿＿＿＿＿＿＿＿＿＿＿。

314 □ **人＋come up with＋考え**
人が考えを思いつく

He suddenly came up with a solution.

彼は突然に＿＿＿＿＿＿＿＿＿＿＿＿＿＿＿＿＿＿＿＿。

315 □ **人＋think of＋考え**
人が考えを思いつく

She thought of a new plan.

彼女は＿＿＿＿＿＿＿＿＿＿＿＿＿＿＿＿＿＿＿＿＿＿。

316 □ **人＋hit on[upon]＋考え**
人が考えを思いつく
✎ 活用 hit-hit-hit

I hit on an idea.

私は＿＿＿＿＿＿＿＿＿＿＿＿＿＿＿＿＿＿＿＿＿＿＿。

ドリル **2** 1 ❷ 3 4　次の日本語を英語にするとき，空所に適語を補いましょう。
答えは音声や 左ページ で確認しましょう。

□ **(1)** 私は彼が正しいと思う。

✎ I t＿＿＿＿＿＿ t＿＿＿＿＿＿ he is right.

✎ think や assume は「確かではないけれどそう思う」を表す。
こちらも Check! ▶ think：059，195，315

□ **(2)** ここで君に会うなんて全然思わなかった。

I never e＿＿＿＿＿ t＿＿＿＿＿ s＿＿＿＿＿ you here.

こちらも Check! ▶ expect：096

□ **(3)** 彼女はボーイフレンドが嘘をついているのではないかと思っている。

She s＿＿＿＿＿ that her boyfriend is l＿＿＿＿＿.

□ **(4)** あなたはサンタクロースの存在を疑っているのですか。

Do you d＿＿＿＿＿ the e＿＿＿＿＿ of Santa Claus?

□ **(5)** 明日，彼は来るのだろうか（と思っています）。

I w＿＿＿＿＿ i＿＿＿＿＿ he w＿＿＿＿＿ come tomorrow.

□ **(6)** よい考えが私の心に浮かんだ。

A good idea s＿＿＿＿＿ m＿＿＿＿＿.

□ **(7)** あるひどいイメージが私の心に浮かんだ。

A terrible image o＿＿＿＿＿ t＿＿＿＿＿ m＿＿＿＿＿.

□ **(8)** 彼は突然にある解決策を思いついた。

He suddenly c＿＿＿＿＿ u＿＿＿＿＿ w＿＿＿＿＿ a solution.

こちらも Check! ▶ come：003，161，163

□ **(9)** 彼女はある新しい計画を思いついた。

She t＿＿＿＿＿ o＿＿＿＿＿ a new plan.

こちらも Check! ▶ think：059，195，307

□ **(10)** 私はある案を思いついた。

I h＿＿＿＿＿ o＿＿＿＿＿ an idea.

英語の青色の部分の訳を下に書きましょう。

答えは 右ページ で確認しましょう。

☐ (1) **You may think that he is shy**, but actually he is very talkative.

✎ ＿＿＿＿＿＿＿＿＿＿＿＿＿＿＿＿＿＿＿＿が，実際はとてもおしゃべりなんだ。

✎ shy 形 恥ずかしがりの／actually 副 実を言うと／talkative 形 おしゃべりな

☐ (2) **I expect that this train won't get to Kobe on time** because of the typhoon.

私は台風のために，＿＿＿＿＿＿＿＿＿＿＿＿＿＿＿＿＿＿＿＿＿＿＿。

✎ because of A Aのために

☐ (3) The police **suspected that the thief was hiding in the building**.

警察は＿＿＿＿＿＿＿＿＿＿＿＿＿＿＿＿＿＿＿＿＿＿＿＿＿。

✎ thief 名 泥棒／hide 動 隠れる

☐ (4) **I doubt if my friend's story is true**.

私は＿＿＿＿＿＿＿＿＿＿＿＿＿＿＿＿＿＿＿＿＿＿＿＿＿。

✎ doubtの後ろのif[whether]／that節に否定語は含まない。

☐ (5) **I wonder what I should do to improve my English skills**.

＿＿＿＿＿＿＿＿＿＿＿＿＿＿＿＿＿＿＿＿＿＿＿＿＿＿。

✎ improve 動 Oを改良する，向上させる

☐ (6) Reading her autobiography, **it struck me that I should become a doctor**.

彼女の自伝を読んで，＿＿＿＿＿＿＿＿＿＿＿＿＿＿＿＿＿＿。

✎ autobiography 名 自伝

☐ (7) **It occurred to me that he was hiding the truth**.

＿＿＿＿＿＿＿＿＿＿＿＿＿＿＿＿＿＿＿＿＿＿＿＿＿＿。

✎ hide 動 Oを隠す

☐ (8) **I came up with an idea to sell crepes** at our school festival.

私は学園祭で＿＿＿＿＿＿＿＿＿＿＿＿＿＿＿＿＿＿＿＿＿。

✎ crepe 名 クレープ／school festival 学園祭

☐ (9) He **thought of a good reason** to skip class.

彼は授業をサボるための＿＿＿＿＿＿＿＿＿＿＿＿＿＿＿＿＿。

✎ skip class 授業をサボる

☐ (10) We finally **hit on a good way to cut down** on our expenses.

私たちはついに経費を＿＿＿＿＿＿＿＿＿＿＿＿＿＿＿＿＿＿＿。

✎ cut down on A Aを減らす，切り詰める／expenses 名 経費

ドリル 123 **4** 応用 日本語に合うように，英語を並べ替えて文を完成させましょう。
答えは音声や ⟨左ページ⟩ で確認しましょう。

Y307
〜
Y316

□ (1) あなたは彼が恥ずかしがり屋だと思うかもしれないが, 実際はとてもおしゃべりなんだ。

(is / that / he / shy / may / you / think), but actually he is very talkative.

文頭は
大文字！

_____

□ (2) 私は台風のために，この電車は神戸に定刻に着かないと思う。

(this train / expect / that / I / won't get to) Kobe on time because of the typhoon.

_____

□ (3) 警察はその泥棒がその建物内に隠れていると思っていた。

The police (was / suspected / hiding / that / the thief) in the building.

_____

□ (4) 私は友人の話が本当ではないと思う。

I (true / doubt / my friend's story / if / is).

_____

□ (5) 私は英語力を向上させるのに何をすべきだろうか。

I (should do / what / wonder / I / to improve) my English skills.

_____

□ (6) 彼女の自伝を読んで，医師になるべきだという考えが私の心に浮かんだ。

Reading her autobiography, (that / it / struck / I / should / me / become) a doctor.

_____

□ (7) 彼が事実を隠しているという考えが私の心に浮かんだ。

(he / occurred / to / that / me / it) was hiding the truth.

_____

□ (8) 私は学園祭でクレープを売るという考えを思いついた。

(sell / came up with / an idea / to / I) crepes at our school festival.

_____

□ (9) 彼は授業をサボるためのよい理由を思いついた。

He (of / to / thought / a good reason) skip class.

_____

□ (10) 私たちはついに経費を減らすよい方法を思いついた。

We finally (a good way / to / on / cut down / hit) on our expenses.

_____

Chapter
7

意味の通る文になるように，選択肢から適切なものを１つ選んで空所を埋めなさい。

(1) Please (　　) seated until the captain turns off the seat belt sign.
　　① leave　② become　③ remain　④ have

〈九州産業大・改〉

(2) She (　　) when she heard the bad news.
　　① changed blue　② turned pale　③ changes black　④ turns well

〈桜美林大・改〉

(3) The craziest ideas often (　　) to be the most interesting and useful ones in the long run.
　　① bring about　② come down　③ show up　④ turn out

〈立教大〉

(4) We (　　) a gift to Mary to congratulate her on her promotion.
　　① bought　② gave　③ made　④ chose

〈南山大・改〉

(5) Man-made chemicals can (　　) harm to wildlife.
　　① do　② give　③ have　④ make

〈慶応義塾大・改〉

(6) How much does it (　　) me to spend a month in Italy?
　　① bet　② cost　③ make　④ want

〈日本福祉大・改〉

(7) I either lost my wallet or (　　).
　　① was stolen my wallet　② it stole　③ it had stolen　④ had it stolen

〈東京理科大・改〉

(8) Philip (　　) himself falling asleep at the desk while he was reading.
　　① found　② left　③ let　④ made

〈学習院大〉

(9) I ( ) to clean my room by my mother yesterday.

① am telling ② tell ③ told ④ was told

〈共立女子大〉

(10) Dan finally made up his mind to ( ) Sally.

① marry ② marry to ③ get married ④ marry with

〈県立広島大・改〉

(11) Why did you tell your teacher a lie? You should apologize ( ).

① him for what you have done ② what you have done for him

③ what you have done to him ④ to him for what you have done

〈九州国際大〉

(12) X: Where is Dad?

Y: I'm not sure, but maybe Mom ( ).

① is know ② know ③ is knowing ④ knows

〈北海学園大〉

(13) When you play on a team, every member ( ) to its success or failure.

① brings ② contributes ③ gives ④ helps

〈学習院大〉

(14) It's hard to ( ) him from his twin brother.

① speak ② address ③ divide ④ tell

〈国士舘大・改〉

(15) The change in his status deprived ( ) confidential information.

① for him access of ② him of access to

③ him to access of ④ him of access from

〈関西学院大〉

(16) 2つの文 (A) と (B) の空所に共通して入る語を選びなさい。

    (A) Peter is the person who (　　　) this year's art festival.

    (B) I (　　　) to complete the task before the deadline.

    ① controlled　② directed　③ managed　④ produced

〈上智大・改〉

(17) Would you mind (　　　) me to call Dan tomorrow?

    ① having remind　② having reminded　③ remind　④ reminding

〈関西学院大〉

(18) It was decided to (　　　) buying a new TV set until next year.

    ① put down　② put in　③ put off　④ put up

〈宮崎大〉

(19) I'm not satisfied (　　　) the result.

    ① in　② with　③ on　④ for

〈大阪学院大〉

(20) I would like to (　　　) this book. How long can I keep it?

    ① borrow　② hire　③ lend　④ let

〈神奈川大〉

(21) It (　　　) me that I had met the woman somewhere before.

    ① brought to　② happened to　③ occurred to　④ reminded to

〈日本女子大〉

解 答・解 説

(1) 　解答　③　　復習ポイント　Chapter ❶ - 1　▶p.8／Chapter ❹ - 4　▶p.70

　和訳　機長がシートベルト着用のサインを消すまで席に着いたままでいてください。

　解説　後ろにseatedという過去分詞（＝形容詞）がきているので，第2文型**SVC**の動詞を選びます。該当するのは②become **C**「**C**になる」と③remain **C**「**C**のままでいる」ですが，意味的に適切なのは③のremainです。

(2) 　解答　②　　復習ポイント　Chapter ❶ - 1　▶p.8

　和訳　その悪い知らせを聞いたとき，彼女は顔面蒼白になった［青ざめた］。

　解説　選択肢の動詞は，changeは**SV／SVO**，turnは**SV／SVC／SVO／SVOC**がとれますが，①～③では後ろに色を表す形容詞がきていることに着目し，「**C**（色）に変わる」の意味を持つturnを選択します。次に，本問の英文の時制に着目します。空所後に過去形heardがあるので，同じ過去形の②turnedが正解になります。「顔面蒼白になる，青ざめる」はturn pale，「信号が青になる」はturn greenであることも覚えておきましょう。

(3) 　解答　④　　復習ポイント　Chapter ❶ - 2　▶p.12

　和訳　最も正気でない考えは，長い目で見れば，最も興味深くかつ有益な考えだとわかることがよくある。

　解説　後ろにto be **C**というカタチをとり，「～だとわかる」の意味をとる④turn out to be **C**「**C**だとわかる」（＝ prove **C**）を選びます。①bring aboutは「もたらす」という意味で**SVO**，②come downは「降りてくる」という意味で**SV**，③show upは「現れる」という意味で**SV**の文型をとります。

(4) 　解答　②　　復習ポイント　Chapter ❷ - 1　▶p.18

　和訳　私たちはメアリーの昇進を祝うために，彼女にプレゼントをあげた。

　解説　第4文型**SVOO**をとる動詞を第3文型**SVO**に書き換えたときのカタチを問うものです。①「**O₁**に**O₂**を買ってやった」，③「**O₁**に**O₂**を作ってやった」，④「**O₁**に**O₂**を選んでやった」は，いずれも書き換えのときに**O₂** for **O₁**のカタチになります。本問のように**O₂** to **O₁**のカタチをとるのは②gaveのみです。

(5) 　解答　①　　復習ポイント　Chapter ❷ - 3　▶p.26

　和訳　人間が作り出した化学薬品は野生生物に害を及ぼす可能性がある。

　解説　空所後のharm to wildlife（*A* to *B*）に着目し，第4文型**SVO₁O₂**から第3文型の書き換え時に**SVO₂** to **O₁**のカタチをとるものを検討します。該当するのは①doと②giveですが，「害・被害・利益を与える」の意味で使う場合は通例giveを使わずに，①doを使います。④makeは，**SVO₁O₂**はとれますが書き換え時に**SVO₂** for **O₁**をとる動詞です。

(6) 　解答　②　　復習ポイント　Chapter ❷ - 3　▶p.26

　和訳　私がイタリアで1か月滞在するのにはいくらかかりますか。

文頭のHow muchと空所後のto spendに着目して，この文が〈it costs **O₁**（人など）**O₂**（金銭）to *do*〉の疑問文だと考えます。「お金」に関係する①betと②costが候補ですが，betは「（金銭など）を賭ける」で意味的に不可，costは**SVOO**で「**O₁**（人など）に**O₂**（金銭・代償）がかかる」の意味なので適しています。この文ではcost **O₁ O₂**の，**O₂**の部分がhow muchという疑問詞になって文頭に出てきています。

---

(7) 解答 ④ 復習ポイント Chapter **3**-2 ▶p.40

和訳 私は財布をなくしたか，盗まれた。

解説 「**O**を〜されてしまう」という「被害」の意味で使えるのはhave[get] **O** *done*のカタチです。よって④が正解です。I was stolenは「私は盗まれた」の意味になり，ありえないので①は不適，②と③は「it（＝財布）が盗んだ」の意味になり不適です。

---

(8) 解答 ① 復習ポイント Chapter **3**-2 ▶p.40

和訳 フィリップは本を読んでいる間に（自分が）机で居眠りしているのに気づいた。

解説 空所の後ろに〈名詞＋*doing*〉があるので，**SVOC**動詞の中でも**C**の位置に*doing*をとる知覚動詞，またはkeep / leave / find型の動詞を選ぶ。ここでは①found「**O**が〜しているのに気づいた」と②left「**O**が〜しているのを放っておいた」が候補ですが，意味的に①が正解です。

---

(9) 解答 ④ 復習ポイント Chapter **3**-3 ▶p.44

和訳 私は昨日，母に自分の部屋を掃除するよう言われた。

解説 空所の後ろのto cleanに着目します。tellはtell **O** to *do*「**O**に〜するよう言う」のカタチをとり，この文で空所後に**O**に当たる言葉がなく，さらにby my motherとあることから受動態*be* told to *do*で「〜するよう言われる」になっているとわかります。

---

(10) 解答 ① 復習ポイント Chapter **4**-1 ▶p.58

和訳 ダンはついにサリーと結婚する決意をした。

解説 marry **O**「**O**と結婚する」は自動詞と他動詞の識別問題で最もよく出題されます。marryは他動詞なので，withなどの前置詞を付けないことを覚えておきましょう。また，marry *A* to *B*「AをBと結婚させる」の受動態*A* is married to *B*「AはBと結婚している」もあわせて覚えておくとよいでしょう。

---

(11) 解答 ④ 復習ポイント Chapter **4**-2 ▶p.62

和訳 なぜ先生に嘘をついたのですか。彼（先生）に自分のやったことを謝るべきですよ。

解説 apologizeは自動詞で直後に目的語をとらないので①，②，③は不適です。apologize to *A*（人）for *B*（理由）「AにBのことで謝る」のtoを忘れがちなので注意しましょう。

---

(12) 解答 ④ 復習ポイント Chapter **4**-5 ▶p.74

和訳 X：パパはどこ？　Y：わからないけれど，ママが知っているかもしれないよ。

knowやresembleなどの「状態動詞」は進行形にすることができないので③は不適で，現在形の②と④が残ります。Momが主語なので，3人称単数現在形の④knowsが正解です。

(13) 解答 ②　復習ポイント Chapter **5** - **3** ▶p.88

和訳 チームでプレーするときは，メンバー全員がチームの成功や失敗に寄与する。

解説 後ろにto *A* をとる動詞を選ぶ問題です。正解は②contribute to *A*「Aに貢献する，Aの原因となる」です。①bring，③giveはともに第4文型**SVOO**をとる動詞で，第3文型への書き換えで**O₂**to **O₁**のカタチをとることはできますが，**O₂**に当たる語がないので不適。また，④helpにはhelp to *do*「〜するのを助ける」またはhelp **O** (to) *do*「**O**が〜するのを助ける」という意味がありますが，ここではtoの後ろが名詞なので不適です。

(14) 解答 ④　復習ポイント Chapter **5** - **6** ▶p.100

和訳 彼と彼の双子の兄［弟］を見分けるのは困難だ。

解説 後ろに*A* from *B*のカタチをとる動詞は④のtell *A* from *B*「AをBと区別する」（＝distinguish *A* from *B*）のみです。③のdivide *A* into *B*「AをBに分ける，分割する」やdivide *A* by *B*「AをB（基準）で分ける，A（数）をB（数）で割る」などと混同しないように気をつけましょう。

(15) 解答 ②　復習ポイント Chapter **5** - **7** ▶p.104

和訳 彼は職位の変化によって機密情報へのアクセスができなくなった。
（直訳：彼の職位の変化は彼から機密情報へのアクセス権を奪った。）

解説 deprive *A* of *B*は「AからBを奪う」という意味です。このofには「分離のニュアンス」があります。選択肢は②か④に絞られますが，access to *A*「Aへのアクセス」から②を選びます。なお，depriveは「地位や権利」など抽象的なモノに対してよく使われ，金品やかばんなど具体的なモノを奪う場合はrob *A* of *B*がよく使われます。

(16) 解答 ③　復習ポイント Chapter **6** - **1** ▶p.114

和訳 （A）ピーターは今年の芸術祭を運営した人だ。
（B）私はなんとか締め切り前に課題を完成させた。

解説 （B）の文に注目します。manageは不定詞を後ろにとり，manage to *do*で「なんとかして〜する」の意味になります。①controlと④produceは後ろに不定詞をとれず，②directは**O** to *do*で「**O**が〜するよう指示する」の意味になるものの，直後に不定詞をとることはできないので，不適。manage **O**は「**O**を運営する」の意味があるので（A）の文にも合います。

(17) 解答 ④　復習ポイント mind… Chapter **6** - **2** ▶p.118／
remind… Chapter **3** - **5** ▶p.52

和訳 明日，私にダンに電話することを思い出させてくれませんか。

解説 mindは**O**に*doing*をとる代表的な動詞です。ここからまず③remindは除外されます。ま

た①having remindはそもそもhaving *do* というカタチ自体が存在しないので不適です。②having remindedのhaving *done* のカタチは主節の動詞よりも前のことを表すときに使いますが, 本問の英文には意味的に合いません。Would you mind *doing*?は「～していただけませんか」と訳されることが多いですが, もともとmindは「嫌がる」の意味なのでYesが「はい, 嫌がります（＝断る）」, Noが「いいえ, 嫌がりません（＝OK）」となることに注意しましょう。

(18) 　解答　③　復習ポイント　Chapter ❻-2　▶p.118

　和訳　新しいテレビを買うのを来年まで延期することが決まった。

　解説　put off *doing* で「～するのを延期する」の意味です（= postpone *doing*）。「～しない方に向かう」の意味を持つ動詞は *doing* を目的語にとります。①put downは「～を下に置く」, ②put inは「～を取りつける（= install）」など, ④put upは「～を持ち上げる」の意味でいずれも不適です。cancel[call off] *doing*「～するのを中止する」もあわせて覚えておきましょう。

(19) 　解答　②　復習ポイント　Chapter ❼-3　▶p.138

　和訳　私はその結果に満足していない。

　解説　satisfy A（人）with B「A（人）をBで満足させる」の受動態で, A（人）be satisfied with B「A（人）はBに満足させられている＝満足している」の意味になります。

(20) 　解答　①　復習ポイント　Chapter ❼-5　▶p.146

　和訳　この本を借りたいのですが。どれくらいの期間借りていてもいいですか。

　解説　「借りる」の意味があるのは, ①borrow **O**「（無料でモノ）を借りる」と②hire **O**「（有料で車など）を借りる」ですが, 「本」が目的語なので①が適しています。③lend **O**は「（無料でモノ）を貸す」で, ④letは主にイギリス英語でlet (out) **O**「（有料でアパートなど）を貸す」の意味があります。なお選択肢にはありませんがrent **O**「**O**を（有料で）借りる／貸す」も重要です。

(21) 　解答　③　復習ポイント　Chapter ❼-6　▶p.150

　和訳　以前どこかでその女性に会ったことがあるという考えが私に浮かんだ。

　解説　空所の前後と選択肢から, 〈It（動詞）to A that **SV**〉のカタチをとる動詞を選ぶ問題です。〈It occurs to + 人 + that **SV**〉で「…という考えが人の心に浮かぶ」を意味する③が正解です。この文は, 文頭のitの内容がthatで表される形式主語構文ですが, occurはideaなどの名詞を主語にとって**S** occur to Aのカタチもとります。②の**S** happen to Aは「**S**（出来事）がAに起こる」, ④のremindは, remind **O** to *do* やremind **O** that **SV** そしてremind A of Bなどのカタチで「**O**/A（人）に（～すること／…ということ／B）を思い出させる」の意味です。よっていずれも不適です。